D0412879

Tynnu Colur
Toni Caroll

Tynnu Colur

Toni Caroll

gyda

Ioan Kidd

Gomer

I

Mam a Dad

a

John

Cyhoeddwyd yn 2015 gan
Wasg Gomer, Llandysul, Ceredigion SA44 4JL

ISBN 978 1 84851 877 3

Hawlfraint y testun ⓗ Toni Caroll 2015 ©

Mae Toni Caroll wedi datgan ei hawl o dan
Ddeddf Hawlfreintiau, Dyluniadau a Phatentau 1988
i gael ei chydnabod fel awdur y llyfr hwn.

Cedwir pob hawl. Ni chaniateir atgynhyrchu unrhyw
ran o'r cyhoeddiad hwn na'i gadw mewn cyfundrefn
adferadwy na'i drosglwyddo mewn unrhyw ddull na
thrwy unrhyw gyfrwng electronig, electrostatig, tâp
magnetig, mecanyddol, ffotogopïo, recordio nac fel
arall, heb ganiatâd ymlaen llaw gan y cyhoeddwyr.

Cyhoeddwyd gyda chymorth ariannol
Cyngor Llyfrau Cymru.

Argraffwyd a rhwymwyd yng Nghymru gan
Wasg Gomer, Llandysul, Ceredigion SA44 4JL
www.gomer.co.uk

Rhagair

Y peth cynta licsen i weud am Toni – neu Carol Anne – yw taw merch o Gwm-twrch yw hi. Ta beth wediff hi, man hyn mae ei gwreiddia, achos dyma filltir sgwâr ei theulu mawr. Weden i bo fi a hi yn eitha tebyg mewn ffordd. Er taw fi sy'n ei weud e, mae'r ddou ohonon ni wedi neud yn oréit – finna yn y byd rygbi a hitha yn y byd adloniant. A dim rhyfedd yn ei hachos hi, am fod pob un o'i thylwyth yn gantorion gwych: pobl ddiwylliedig, ddawnus. 'Sdim syndod ei bod hi wedi mynd mlaen i neud cystal. A nage dim ond canu mae hi. Mae hi'n ddoniol iawn, mae hi'n actores ac mae hi'n naturiol. Mae gwir dalent gyda hi ac awydd dwfwn i berfformo.

'Sdim pawb yn falch o 'ngweld i, ond mae hi *wastad* yn falch o neud! Mae hi bob amser yr un peth a fel 'na mae hi gyda phawb. Mae hi'n driw iddi hi'i hunan, ac mae gyda hi allu arbennig at ddod mlaen gyda phobl. Mae hi'n lico pobl ac yn eu deall nhw. Daeth hi 'nôl i ardal ei magwraeth – at ei hiaith a'i mam a'i thad, ac mae'n defnyddio'r Gymraeg a'r Saesneg yn naturiol ar lwyfan ac o flaen y camerâu. Nage pawb sy'n gallu neud 'na'n llwyddiannus.

Wy'n teimlo'n glós iawn iddi ac mae 'ngwraig i, Margaret, yn teimlo'r un peth â fi. Fel unigolyn arbennig mewn tîm, mae Carol Anne yn perthyn i deulu cyfan – teulu hyfryd. Braint yw cael sgrifennu'r pwt bach 'ma amdani.

Joiwch y llyfr!

Clive Rowlands,
Cwm-twrch (Uchaf)
Hydref 2015

Plymio i'r dwfwn

Alla i ddim gweud wrthoch chi pam yn gwmws o'n i'n moyn neud e. Walle taw drama'r holl beth o'dd yn apelio, sa i'n gwbod. Wedi'r cwbwl, o'dd drama yn 'y ngwaed i. O'n i wedi bod yn perfformo o flaen cynulleidfaoedd er pan o'n i'n ddim o beth a dwlu ar bob eiliad, ond peth gwahanol iawn o'dd hwn – o'n i erioed wedi neud dim byd tebyg. O'dd e'n drydanol, a hawdd gweld pam. 'Sdim byd yn fwy dramatig na chael eich bedyddio, cael eich dala o dan y dŵr gan y gweinidog o flaen llond capel o ffyddloniaid.

Y flwyddyn o'dd 1964 a minna'n ferch bymtheg oed ar y pryd. O'n i newydd adael Ysgol Maesydderwen yn Ystradgynlais, lle o'n i wedi bod yn 'studio *shorthand typing*. O'dd dysgu shwt i fod yn ysgrifenyddes ddim yn rhwbath o'n i'n moyn neud a bod yn onest, ond o'n i'n benderfynol na fydden i'n mynd i weithio yn ffatri Tic Toc lle o'dd Mam a channoedd ar gannoedd o rai eraill yn gweithio. O'n i ddim yn ffansïo hwnna o gwbwl, ac o'n i'n gwbod na fydden i byth yn hapus yn neud watshys am weddill 'y mywyd. Yn y diwedd, o'dd dim rhaid i fi ddewis yr un o'r ddou. Gadewas i'r ysgol cyn cwpla'r cwrs teipo ac, o fewn dim, o'n i'n lletya yn Abertawe lle o'n i wedi dechra gweithio saith noson yr wythnos yn yr Embassy Ballroom.

Mae'n od shwt ceso i'r job 'na. Mae'n debyg y dylen
i ddiolch yn rhannol i ferch o'dd yn arfer bod yn yr un
dosbarth teipo â fi ym Maesydderwen. Rachel o'dd ei henw
ac un diwrnod daeth hi lan ata' i a gweud yn ddigon heriol:
'Ti wastad yn mynd mla'n a mla'n abythdu *showbiz* a
bod ti'n moyn neud fel hyn a fel arall. Wel, 'wy newydd weld
hysbyseb yn yr *Evening Post*. Ma'n nhw'n whilo am ferch
i ganu lawr yn Abertawe.' Llwyddodd hi i blannu'r syniad
yn 'y mhen yn y fan a'r lle, ac am weddill y prynhawn sa
i'n credu bo fi wedi gwrando ar un gair wedodd un o'r
athrawon.

Ar ôl mynd sha thre, ffilas i roi'r gora i feddwl am yr
hysbyseb, eto o'n i'n ffilu'n deg â gweld shwt gallen i drafaelu
'nôl a mlaen i Abertawe o ben ucha Cwm Tawe bob wythnos
achos o'dd dim car gyda ni – o'dd Mam a Dad ddim yn
drifo. Ar y pryd, o'n i'n mynd mas 'da bachgen o'dd yn byw
groes yr hewl i ni yng Nghwmgïedd ac wy'n cofio mynd
draw i'r tŷ i weld ei fam, Katie. A phwy o'dd yn digwydd
bod yno gyda hi pan alwas i ond ei ffrind, Brenda. Ar ôl sbel,
dechreuas i sôn wrth y ddwy ohonyn nhw am yr hysbyseb a
dyma Brenda'n troi ata i a gweud: 'Grinda, paid â becso shwt
wyt ti'n mynd i fynd i Abertawe. Af i â ti lawr.'

A dyna ddigwyddodd. Atebas i'r hysbyseb a dyma fi'n
cael 'y ngalw am *audition* yn yr Embassy Ballroom lle
cwrddas i â'r cerddor Ron Williams am y tro cynta. Wedodd
Ron wrtha i eu bod nhw'n whilo am ferch i ganu acha nos
Sul. Yn y cyfnod hwnnw o'dd rhyw fath o glwb gyda nhw
bob nos Sul: canu, bingo, tamed bach o ddanso – tair *waltz*,

y *quickstep,* y *jive,* hyd yn oed y *Gay Gordons* – tamed bach o bopeth. Wel, aeth yr *audition* yn dda a cheso i'r job. O'n nhw'n moyn i fi ddechra'r nosweth wedyn. O'dd pawb yn gyffro i gyd ond dechreuas i fecso eto shwt o'n i'n mynd i gyrraedd bob nos Sul, ond whare teg i Brenda a'i gŵr Alun, achos ethon nhw â fi lawr i Abertawe sawl gwaith.

Yn fuan ar ôl dechra yn yr Embassy Ballroom, newidon nhw'n enw i. Wedon nhw fod Carol Anne James ddim yn ddigon *stagey.* A cheso i fedydd o fath gwahanol, y tro hwn â'r enw Toni Caroll. O'dd Mam a Dad ddim yn rhy hapus bo fi'n gweithio acha nos Sul. Diwrnod tawel o'dd dydd Sul yng Nghwmgïedd. O'dd 'y nhad yn pallu neud dim byd mawr, eithafol ar y Saboth. Ar ben hynny, o'dd ofan arnyn nhw. O'n nhw'n becso amdana i, o'n nhw'n becso bo fi'n mynd mewn i ryw fyd o'dd yn ddiarth i fi ac iddyn nhw. Ta beth, o'dd gwaeth i ddod, achos cyn bo hir aeth y nos Sul yn ddwy ac yna'n dair nosweth yr wythnos, nes yn y diwedd o'n i'n gweithio bob nos ac o'dd rhaid i fi ffindo rhywle i fyw yn ardal Abertawe. Dyna pryd etho i i aros yn ardal y Mwmbwls gyda Ron a'i wraig Beatie a'u dou fab, Terry a Peter. Flynydda ar ôl 'ny, aeth Terry mlaen i ddrwmo gyda'r band Dire Straits. O'dd e'n ddrwmwr da iawn. Ma' fe'n byw ym Mhontardawe nawr.

Wel, tra o'n i'n aros gyda Ron a'i deulu clywas i fod 'yn ffrindia lan yn Ystradgynlais yn mynd i gael eu bedyddio yng Nghapel Ainon, sef capel y teulu. Ac wy'n cofio sôn wrth 'y nhad am hyn a wedodd e wrtha i y bydde'n rhaid i fi ofyn i Mr Davies Ainon 'yn hunan achos bo fi'n gweithio acha nos Sul ac o'dd e ddim yn siŵr shwt groeso gelen i. Nawr, pregethwr hen ffasiwn o'dd Davies Ainon ond yn fodern iawn ei ffordd hefyd. O'dd pobl ifanc y capel yn dwlu arno fe, yn enwedig y bechgyn, a bob tro o'dd trip Ysgol Sul, bydde'r bechgyn yn pallu symud o'r tu fas i'r capel nes bod Mr Davies yn mynd ar eu bws nhw. A bydde fe'n mynd hefyd, ac yn trafaelu gyda nhw bob cam, whare teg. O'dd e a'i wraig yn bobl hyfryd.

O'dd Mr Davies yn arfer dod lan i'n tŷ ni'n eitha amal achos bod Dad yn tyfu pethach yn yr ardd. O'dd pregethwyr bryd hynny ddim yn cael lot o gyflog er bod tŷ pert gyda rhai ohonyn nhw. Ac o'dd Dad yn helpu drwy roi llond basged o lysia iddo fe, a bydde Mr Davies yn dod â'r fasged 'nôl a bydde Dad yn ei llanw hi eto. O'n i'n digwydd bod gatre pan alwodd e un tro, ac wy'n cofio gofyn iddo fe am fusnes y bedyddio a becso shwt o'dd e'n mynd i ymateb, a wedodd e ei fod e'n erfyn i fi fod 'na gyda'r lleill, whare teg. O'dd, o'dd Mr Davies yn ddyn hyfryd.

Wy'n cofio diwrnod y bedyddio'n blaen. Arhosiff e gyda fi am byth. O'dd rhaid inni wisgo'r *gowns* 'ma – rhai hyll, llwyd – ac o'n nhw'n cael eu clymu rownd eich traed chi ac o'n nhw'n dodi'ch dwylo gyda'i gilydd. O'dd Mr Davies ddim llawer yn dalach na fi ac wy'n ei gofio fe'n cydio yn 'y ngholer yn barod i hwpo fi dan y dŵr, a fel o'n i'n gwrando arno'n siarad ac yn mynd trwy 'i betha, wy'n cofio gweud wrth 'yn hunan: 'O jiw, os nagw i'n ddicon da … os wy'n ferch ddrwg achos bo fi'n gweithio acha dydd Sul, bwrw fi nawr.' Ac wrth i fi feddwl hyn, wwsh! dyma fi'n mynd dan y dŵr ac, eiliada'n ddiweddarach, o'n i 'nôl lan. A phan ddetho i 'nôl lan dechreuas i feddwl allen i ddim bod yn ferch ddrwg wedi'r cwbwl, achos ddigwyddodd dim byd cas i fi. O'dd Duw yn gweu'tho i bo fi'n cael mynd amdani. O'dd Duw yn rhoi ei ganiatâd i fi fynd mlaen i fyd y llwyfan, ac o'dd hynny'n dipyn o ryddhad i rywun fel fi.

Cwm yr Arglwydd

O nd cyn mynd mlaen, mae'n rhaid mynd 'nôl. 'Nôl i'r
dechra'n deg. Ceso i 'ngeni ar 9 Chwefror 1949 yn
22 Lluest, Ystradgynlais, yn unig blentyn i Arthur William
James ac Evelyn Llewelyn James. Pan o'n i'n ddwyflwydd
oed symudodd y teulu bach i fyw ym Mhlas-y-coed yng
Nghwmgïedd, jest lan y cwm.

Er taw unig blentyn o'n i, o'dd teulu mawr yn byw ar
bwys. O'dd Dad yn un o ddeuddeg yn wreiddiol a Mam yn
un o dri. Dychmygwch yr holl sylw o'n i'n ei gael 'da'r holl
oedolion o 'nghwmpas i. 'Sdim rhyfedd bo fi wedi dechra
showan off yn ifanc iawn – o'dd cynulleidfa barod 'da fi! Ar
ben hyn, o'dd wastad lot o ganu ar yr aelwyd. O'dd Mam
a Dad yn gerddorol iawn. O'dd Mam yn alto da ac wy'n
cofio canu'r *Messiah* gyda hi yn y capel. O'dd ei thad, David
James, yn arfer sgrifennu emyna i'r Gymanfa Ganu ond
farwodd e'n drist o ifanc – yn bum deg oed, cofiwch – gan
adael ei wraig Hilda, neu Mam-gu i fi, yn weddw. O'dd
Mam-gu a fi yn bartners mawr ac o'n i'n dwlu ar ei chwmni.
Pan o'n i'n arfer trafaelu gyda 'ngwaith bydde hi'n dod gyda
fi'n amal. O'dd Mam-gu'n Gymreigaidd iawn ac o'dd dim
lot o siâp ar ei Saesneg a gweud y gwir. Fel llawer yn y teulu,
o'dd gyda hi lais hyfryd. Canu soprano o'dd hi.

Fel wedas i, o'dd cerddoriaeth ar ddwy ochr y teulu. Fe

gas Dad ei hyfforddi'n glasurol. O'dd e'n *first tenor* ac o'dd
llais da iawn gydag ynta hefyd. Hyd yn oed lan sbo fe'n marw,
o'dd llais da gyda fe. Ond ffilodd e fynd mlaen yn y byd 'na
a neud mwy 'da'r busnes canu achos pan farwodd ei dad ei
hunan, William James, fe ysgwyddodd e lawer o'r cyfrifoldeb
dros ei deulu er mwyn helpu Mam-gu, neu Mam Cwm, fel
o'dd pawb yn ei nabod hi. Chi'n gweld, Dad o'dd y bachgen
hena ac o'dd e'n teimlo cyfrifoldeb mawr dros ei frodyr a'i
chwiorydd. O'dd e'n arfer rhoi arian i'w fam hyd nes iddo fe
briodi, a bob Dolig am flynydda bydde Mam Cwm wastad yn
dod draw i Blas-y-coed â siwmper neu gardigan yn bresant
er mwyn diolch iddo fe. O'dd pawb yn y teulu'n tynnu at ei
gilydd. Amgylchiada anodd ddaeth yn ffordd Dad – dyna
pam ffilodd e fynd mlaen yn y byd canu. Cadwodd e i weithio
dan ddaear, o'dd yn drueni ofnadw i rywun â llais mor dda.

Ar ôl Mam Cwm o'n i fod i gael 'yn enwi ond o'dd hi ddim
yn fo'lon i hynny ddigwydd. Ei henw iawn o'dd Caroline,
neu Carrie, a wedodd hi y bydde pawb yn canu 'Carolina,
moon keep shining' ar 'yn ôl i gyda shwt enw, felly setlon
nhw ar Carol Anne yn y diwedd. Mae hanes diddorol i Mam
Cwm. Hi o'dd aelod mwya ecsotig ein teulu mewn ffordd. Fe
gas ei geni yn Sebastopol ar bwys Ballarat mas yn Awstralia
yn 1894 ar ôl i'w thad symud i fyw i'r wlad honno i weithio
fel peiriannydd. O'dd e wedi bod yn briod o'r blaen 'nôl
yng Nghymru ac o'dd mab gyda fe o'r briodas honno, ond
buodd ei wraig gynta farw ar enedigaeth y babi. Gadawodd
e'r plentyn bach gyda pherthnasa yng Nghymru a symud i
Lunden ac oddi yno i Awstralia, lle priododd e Gymraes arall

o Gaerfyrddin a cheson nhw wyth o blant, gan gynnwys Mam Cwm. Yn ôl 'y nhad, fe gas yr hen foi gynnig swydd fel rheolwr ar waith aur yn nhalaith Victoria ond, ymhen rhai blynydda, aeth e'n dost. Mae'n debyg bod dwst ar ei ysgyfaint, nage dwst glo fel y bydde ar rywun yng Nghymru, ond dwst aur. Ta beth, o'dd e'n awyddus i ddod 'nôl i Gymru i weld ei fab arall ond, oherwydd ei salwch, wedodd y doctoriaid na fydde fe'n ddigon cryf i fynd ar daith mor hir a hwylio 'nôl eto i Awstralia. Felly daeth y teulu cyfan gyda fe, a dyna shwt daeth Mam Cwm i Gymru.

Ond dyma finna hefyd yn crwydro nawr. Fel wedas i, o'dd cerddoriaeth ar ddwy ochr y teulu. Felly, o'dd canu a pherfformo – yn ogystal â drama – yn 'y ngwaed i, ond gwahaniaeth fath o ganu wrth gwrs. O'dd y busnes o'n i'n awyddus i fod yn rhan ohono'n un nad o'dd 'yn rhieni na gweddill y teulu'n gwbod dim amdano ac, o ddishgwl 'nôl, rhaid eu bod nhw wedi cael trafferth deall y byd hwnnw. Wnaethon nhw erioed stopo fi rhag neud dim, ond sa i'n credu 'u bod nhw'n hapus chwaith. Dychmygwch y peth o'u safbwynt nhw: o'n i'n ferch mor ddiniwed, mor ifanc.

Drwy gydol 'y mhlentyndod, pan o'n i'n ddisgybl yn Ysgol Gynradd Cynlais, o'n i'n joio danso tap a bale, ac o'n i'n arfer neud peth o hyn gyda menyw o'r enw Betty Webb a'i chwaer Carrie Walters, o'dd yn arfer whare'r piano i ni. Dyna gymeriad o'dd honna! Ond yna, pan gyrhaeddas i un ar ddeg oed, ceso i gyfle i fynd i ganu gyda band o'r enw Moggy and the Wanderers a dyna shwt dechreuodd 'y ngyrfa ar y llwyfan.

O'dd whech ohonon ni yn y band, a nage dim ond fi
o'dd yn dod o Gwmgïedd. O'dd bachgen o'r pentre o'dd yr
un oedran â fi'n aelod hefyd. David Evans o'dd ei enw fe ac
o'dd e'n gallu canu'n dda a whare'r piano. Ni o'dd y *resident
band* bob nos Sadwrn yng nghlwb Cam Gears yn Resolfen
yng Nghwm Nedd. Fel wedas i, un ar ddeg mlwydd oed o'n
i a David ar y pryd, ac o'dd dyn o'dd yn whare'r *sax* gyda
ni'n byw yn Ystradgynlais, a bydde fe'n dod i'n casglu ni
bob wythnos i neud yn siŵr ein bod ni'n cyrraedd y gig. Y
tâl am y noson o ganu o'dd pum swllt yr un, neu 25 ceiniog
yn arian heddi, ond o'dd David a finna'n rhoi bobo hanner
coron, sef hanner beth o'n ni'n ennill, i'r boi 'ma am y lifft!
Ac yn waeth byth, wrth ddod â ni sha thre, yn lle mynd â ni
lan i'r tŷ yn y car, o'dd e'n ein gollwng ni yn Ystradgynlais a
ninna'n gorffod cerdded lan i Gwmgïedd bob cam.

Enw arall ar Gwmgïedd yw Cwm yr Arglwydd achos
'sdim tafarn yn agos. O'dd hi fel y bedd yn y 1960au. Nawr,
o'dd hi fel arfer yn hwyr y nos arnon ni'n cael ein gollwng
yn Ystradgynlais ac o'dd dim llawer o oleuada wrth ochr yr
hewl fawr. 'Sdim rhyfedd bod David yn nyrfas yn cerdded
lan, achos o'dd e'n byw ym mhen pella'r pentre, reit lan y
top yn y Dreflan, ac o'n i'n byw'n bellach lawr ym Mhlas-
y-coed. Felly, o'n i'n arfer cerdded heibio tŷ ni gyda David
a mynd i sefyll ar gornel y stryd a'i wylio fe'n mynd lan yr
hewl ar ei ben ei hunan bach. O'dd lot o bontydd crwca
yng Nghwmgïedd ar y pryd, ac o'dd yn gas 'da fe groesi'r
pontydd heb gwmni, ond siwrna o'dd e'n cyrraedd y *straight*
eto, bydde fe'n troi rownd a gweiddi: 'Fi'n oréit nawr, elli

di fynd sha thre, nos da!' Wherthin! O'n i'n gorffod aros
wedyn sbo'r dydd Llun i ffindo mas a gyrhaeddodd e'r tŷ yn
saff achos o'dd dim ffôn i gael 'da neb bryd hynny.

Fel o'n i'n gweud, o'dd David yn whare'r piano. O'dd e
ddim yn gallu darllen cerddoriaeth o gwbwl, ond o'dd e'n
glipar am whare o'r glust. O'dd ei fam e wedi cael gafael ar
ryw biano o ffarm lan sha top Cwmgïedd. Nawr, o'dd yr
hen bianos yn anferth, ac 'wy wastad yn cofio'r *candelabras*
pres arno fe. O'dd dim lle i ddodi fe yn y lolfa ar y dechra
achos ei fod e mor fawr, so o'dd y piano'n cael ei gadw yn y
gegin, a man 'na buodd e am sbel, a bob bore o'dd David a'i
deulu'n iwso'r piano fel *breakfast bar*! Felly, yn y gegin o'n
ni'n arfer practiso, ond o'dd cwpwl o'r *keys* yn isha ac o'dd
raid inni ffindo'n ffordd rownd y rhai o'dd ar goll a neud y
gora ohoni. O'dd David yn dwlu acha A fflat, a hyd yn oed
lan tan heddi, 'se rhywun yn gofyn i fi bitsio cân, *guaranteed*
taw A fflat fydde fe!

Buon ni'n canu gyda'n gilydd am flynydda, ond pan
ddechreuas i yn yr Embassy Ballroom yn Abertawe ddaeth
David ddim gyda fi. O'dd boi o'r enw Brian Leroy gyda
nhw'n barod i ofalu am y canu – hynny yw, fe a fi – ac o'dd
Ron Williams yn whare'r organ a rhywun o'r enw Derec
Morgan ar y drwms. Ond nos Sul o'dd hwnna a phan
etho i mlaen i weithio'n amlach, o'dd band arall yn whare
gyda ni hefyd. Ta beth, ymhen cwpwl o fisoedd, gadawodd
Brian Leroy a gofynnas i Ron a fydde fe'n fo'lon gwrando
ar David. Felly, daeth David lawr i Abertawe a throi'n
broffesiynol. Wrth gwrs, o'dd isha enw newydd arno *fe*

hefyd nawr. Wel, ar y pryd, o'dd 'Bobby's Girl' yn *hit* mawr i'r gantores Susan Maughan, ac o'n i'n arfer ei chanu'n amal fel rhan o'n *residency*. Hefyd, o'dd siop enwog yn Abertawe o'r enw Sidney Heath, ac yn sownd wrth y siop o'dd lle gwerthu bloda a'r enw Robin Wayne wedi'i blastro drosto fe. Felly, dodon ni'r Bobby a'r Wayne gyda'i gilydd, a throdd David Evans yn Bobby Wayne dros nos. Felly o'dd Carol a David, y ddou ffrind o Gwmgïedd, 'nôl gyda'i gilydd, ond erbyn hyn fel Toni Caroll a Bobby Wayne.

Cyn i fi fynd i weithio yn yr Embassy Ballroom, o'dd merch o'r enw Mia Lewis o Ynys-wen yn arfer canu yno, ac aeth hi mlaen i recordo gyda Larry Page, y cynhyrchydd a'r rheolwr fu'n gweithio gyda'r Kinks a'r Troggs yn ystod eu blynydda cynnar. A whare teg i Ron Williams, fe gysylltodd e â Larry Page wedyn i sôn wrtho fe amdana i. Ta beth, ceso i'n hala lan i Lunden am *audition* – fi a grŵp o'r enw The Fleetwoods o'dd wedi sgrifennu cân. Ac ar ôl mynd lan o'n nhw'n moyn i fi ganu 'I'm Gonna Be Strong', so canas i'r gân honno a ches inna gontract i recordo 'da Larry Page hefyd.

Aeth Bobby Wayne a fi mlaen o'r Embassy Ballroom i Scott's Llanelli wedyn, a dyna chi adeg hyfryd o'dd honna. Ceson ni lot o sbort ac o'n i mor hapus yno. Buon ni'n gweithio'r Ballroom a'r Balmoral lle o'dd yr *acts* mawr yn dod, rhai fel Tom Jones and the Squires, Billy Fury, Dusty Springfield a'i ffrind agos Madeleine Bell. Ac o'dd 'yn llygaid fel dwy soser ambell waith wrth weld beth o'dd yn mynd mlaen. O'n i mor ifanc a diniwed. Ddim sbel ar ôl 'ny, gadewas i er mwyn mynd lan i Lunden ac o'dd hwnna'n

gyfnod hollol wahanol. Wy'n cofio'r noson ola yn Scott's fel
'se hi'n ddoe. O'n i'n llefen y glaw achos o'n i ddim yn siŵr
bo fi'n moyn mynd i Lunden a gadael y byd neis lle o'n i, ac
o'n i'n nyrfas am yr holl beth. Ond mynd netho i. Er bo fi'n
ffarwelio â Bobby ac â Chymru, bydde'n llwybra ni'n croesi
eto maes o law, ond sonia i fwy am hynny'n nes mlaen.

Swinging London

M is Ionawr 1966 o'dd hi, ychydig wythnosa cyn 'y
mhen-blwydd yn ddwy ar bymtheg oed, pan aeth
Ron Williams â fi lan i Lunden yn ei gar i ddechra gweithio
i Larry Page. Etho i i fyw yn 94 Hotham Road, Putney, gyda
chwaer Mam-gu, Kathleen Llewelyn – neu Anti Kate fel o'n
i'n ei galw hi – a'i gŵr David Ball, o'dd yn arfer gweithio fel
painter decorator i Harrod's. O'dd dim plant 'da nhw, ond
o'dd sawl un o'r teulu wedi bod yn sefyll gyda nhw dros
y blynydda. Ta beth, nawr dyma finna'n lando yno hefyd.
Hwn o'dd y *base* i fi tra bo fi'n byw a gweithio yn Llunden,
ac amser o'n i'n mynd bant i weithio yng ngogledd Lloegr
neu rywle arall, i fan hyn y delen i 'nôl. Ac o'dd hwnna'n
beth neis i Mam a Dad achos o'n nhw'n gwbod bo fi'n saff
'da Anti Kate.

O'dd symud i Lunden yn beth mawr. Croten o'n i mewn
gwirionedd, a heblaw am Anti Kate a'i gŵr o'n i ddim yn
nabod neb. Wna i byth anghofio'r tro cynta drias i fynd o
Hotham Road i swyddfa Larry Page yn New Oxford Street
a'r cyngor geso i gan 'yn fodryb.

'Cer ar rif *twenty-two*,' meddai, 'bỳs *twenty-two* ti'n
moyn.' A bant â fi'n gyffro i gyd ond, wrth gwrs, o'dd yr
un ohonon ni'n dwy wedi ystyried bod dim clem 'da fi pwy
ffordd o'dd y bws yn mynd. Felly etho i i sefyll wrth ochr yr

hewl a neidio ar y bws cynta ddaeth, a chyn i fi gael amser i feddwl o'n i yn Wimbledon! O'n i wedi mynd y ffordd rong.

Er gwaetha popeth, fe gyrhaeddas i swyddfa Larry Page ac i fan'na o'n i'n mynd bob dydd wedyn, fwy neu lai. O'dd boi arall o'r enw Dick James mewn 'da fe fel rhyw fath o bartner, a fe o'dd yn gyfrifol am yr ochr cyhoeddi. Ato fe bydde'r grwpiau mawr i gyd yn mynd. Felly o'n i'n hala tipyn o amser gyda'r ochr honno ac o'dd e'n gyfnod cyffrous ofnadwy, o'dd shwt *buzz* i'r lle. Wy'n teimlo ambell waith bo fi'n dal i fyw yn y chwedega. O'n i'n dwlu ar y colur a'r ffasiwn a dylanwad pobl fel Mary Quant. O'dd pobl mewn a mas drwy'r amser, fel Herman's Hermits a'r Troggs. O'n i'n ffrindia mawr 'da'r Troggs ac o'n nhw'n mynd â fi i bobman fel chwaer iddyn nhw. Wy'n cofio cael carden ben-blwydd oddi wrthyn nhw ac enwa pawb yn y swyddfa, gan gynnwys y prif leisydd, Reg Presley, arni. Tua'r amser yma prynodd Larry Page gân o America o'r enw 'Wild Thing' ac, i lawer, o'dd hyn braidd yn od. Pwy fydde'n moyn recordo cân â shwt enw rhyfedd? Wel dyna'n gwmws wnaeth y Troggs a saethodd hi i rif un yn America a rhif dau yng ngwledydd Prydain! Pan o'dd hyn i gyd yn mynd mlaen, o'dd rhaid i fi fynd bant am gwpwl o wythnosa gyda 'ngwaith ac, erbyn i fi ddod 'nôl i Lunden, o'dd y Troggs wedi mynd lan yn y byd a dyma nhw'n paso'u hen ffrind Toni Caroll yn eu Rolls Royce. O'n nhw ddim yn moyn nabod fi rhagor!

Cofiwch, er bo fi'n dwlu ar yr holl gyffro, o'n i ddim yn arbennig o hoff o Lunden fel lle i fyw bryd hynny. Wy'n dwlu mynd lan 'na am gwpwl o ddiwrnoda nawr, ond o'n i

yno wrth 'yn hunan i bob pwrpas. O'dd ambell ffrind gyda
fi, ond o'n i'n gweithio'n ofnadwy o galed felly o'dd dim
llawer o amser rhydd gyda fi. Gwaith o'dd popeth. Gwaith,
gwaith, gwaith. Pan etho i o Gymru, anghofiwch *How Green
Was My Valley* achos *I was greener, brother.* O'n i'n gwbod
dim am fywyd ac, o ddishgwl 'nôl, o'n i'n lwcus iawn i ddod
drwyddi cystal. Wy'n cofio un o'r *acts* yn trio dod ar 'yn ôl i
un tro ond o'dd dim diddordeb gyda fi, felly trodd e arna i a
gweud: 'You must be a lesbian. Prove that you're not.' Dyna
beth ofnadwy i weud wrth ferch un deg saith oed. A hwnna
o'dd y tro cynta yn 'y myw i fi regi go iawn. Wedes i 'F***
off' wrtho fe. Hefyd yn y cyfnod hwnnw, o'dd dim llawer
o Gymry yn 'y musnes i lan yn Llunden, ddim fel mae hi
heddi. Wy'n cofio Larry Page yn gweu'tho i: 'You'll have to
get rid of that Welsh accent.' Ac wy'n cofio meddwl: Beth?
Fel hyn wy'n siarad. *This is me.* Sa i'n credu bydde hwnna
byth yn digwydd heddi. Wy'n credu bod pobl fel Ruth Jones
wedi helpu yn hynny o beth gyda llwyddianna fel *Gavin and
Stacey.* Ond 'nôl yn y dyddia hynny, dim ond artistiaid fel
Shirley Bassey a Tom Jones o'dd wedi torri drwodd. O'dd
hi'n anodd iawn, iawn i rywun Cymraeg dorri drwodd.

Ond o'n i'n barod i weithio'n galed, ac yn fuan iawn ar ôl
i fi gyrraedd Llunden, dechreuas i recordo *demo discs* mewn
stiwdio fach i gael gweld beth o'dd yn siwto. Er bo fi'n hala
lot o amser rhwng swyddfa Dick James a swyddfa Larry
Page, nage yn fan 'na o'n i'n recordo caneuon. Recordo dan
label Fontana o'n i, achos o'dd dim label ei hunan gyda
Larry ar y pryd. Felly lawr â fi i stiwdio Fontana, a fydde fe

byth yn digwydd heddi, achos o'dd y gerddorfa i gyd 'na'n
fyw, a finna'n canu'n fyw gyda nhw. O'dd tair menyw'n
neud y *vocal backing* a'u henwa nhw o'dd y Ladybirds.
Wedodd rhywun fod un ohonyn nhw'n dod o Gymru,
sef Marian Davies o'r Creunant, ond o'n i mor nyrfas ac
mor dawel o'n i ddim yn lico gweud wrthi bo fi'n dod o
Ystradgynlais. Mae hwn yn mynd i swno'n od i'r bobl sy'n
nabod fi erbyn hyn, ond o'n i'n arfer bod yn ofnadwy o swil
pan o'n i'n ifanc. O'dd ofan 'y nghysgod arna i, ond siwrna
bydden i'n codi i ganu neu'n rhoi 'nhraed ar lwyfan, bydde
popeth yn newid – bydde'n wahaniaeth byd a bydde'r hyder
yn llifo.

Ta beth, fe gas cân ei sgrifennu i fi o'r enw 'He Hasn't
Got a Heart', yn seiliedig ar 'I'm Gonna be Strong', ond yr
un ddewison nhw i fi ei recordo o'dd 'She Don't Understand
Him' gan Jackie DeShannon a Randy Newman. Honna o'dd
y gân gynta, ac fe wnaeth hi'n lled dda o ran gwerthiant,
ond dim byd mawr. O ddishgwl 'nôl, walle bod hi damed
bach yn rhy hen i fi, yn rhy fawr. O'dd 'yn llais i ddim yn
ddigon aeddfed ar y pryd. Dim ond dwy ar bymtheg o'n i
ac o'n i heb fyw, o'n i'n ddibrofiad. 'Sen i'n ei chanu'n hollol
wahanol heddi. Wy'n credu 'sen i wedi neud yn well gyda
chân arall, un fwy ifanc. Hefyd, mae'n llais i'n swno'n well
yn fyw; wy'n fwy o *entertainer* na chantores bur.

Ond daeth y record mas, ac o'dd dishgwl i fi fynd rownd
y gorsafoedd radio i'w hyrwyddo hi. Un diwrnod, tua mis
Mai wy'n credu, etho i i Radio Luxembourg i gael 'yn holi, a
'na pwy o'dd yn ishta wrth 'yn ochr i o'dd Susan Maughan,

achos bod cân newydd mas gyda hitha hefyd. Ac wrth i ni
gael ein holi gan y DJ, yn sydyn reit dyma fi'n sylwi ar y pŵdl
bach gwyn 'ma i lawr ffrynt ei ffrog, y peth lleia welsoch chi
yn eich byw. O'dd e wedi bod yn cwato yn erbyn ei bronna
drwy gydol y sgwrs! Wel, o'n i mor syfrdan nes i fi anghofio
gweud wrthi ar ôl y cyfweliad bo fi'n arfer canu ei chân fawr,
'Bobby's Girl', am flynydda yn Abertawe a Llanelli a taw
dyna ysbrydolodd enw llwyfan 'yn ffrind, Bobby Wayne.
Byddai wedi bod yn ddiddorol iddi glywed hynny.

Yn fuan wedyn, dechreuas i gael gwaith ar raglenni
teledu fel *Thank Your Lucky Stars*, amser o'dd Jim Dale yn
cyflwyno. Dyna gymeriad o'dd hwnna! Ac wy'n cofio hyd y
dydd heddi pwy arall o'dd ar y rhaglen – Ken Dodd (o'dd yn
rhif un yn y siartia gyda 'Tears'), Freddy and the Dreamers,
finna, boi bach ifanc o'r enw Tony Hazzard, Shirley Abicair
a Don Spencer. Fe sgrifennodd Don gân i fi un tro. Wedyn
daeth rhaglenni eraill fel *Action* a *Five O'Clock Club*, felly
ceso i lot o waith fel 'na, ac o'n i'n mynd 'nôl a mlaen eitha
tipyn rhwng y swyddfa a'r gwaith teledu. Yna'n sydyn reit,
un diwrnod dyma'r fenyw 'ma'n dod i weld Larry Page a
dechra holi amdana i. Julie Grayson o'dd ei henw hi, ac fe
newidiodd hi gwrs 'y mywyd.

Life is a Cabaret

Asiant o'dd Julie Grayson, ac o'dd hi'n whilo am rywun i neud *cabaret*. Mae'n debyg ei bod hi wedi clywed amdana i achos 'y ngwaith teledu. Wel, o'n i erioed wedi neud *cabaret* ac o'n i ddim yn gwbod beth i feddwl. O'n i wedi bod yn canu mewn clybia ers o'n i'n ifanc iawn, wrth gwrs, ond erioed wedi neud y math yma o beth. Ta beth, ar ôl gwrando arna i'n canu, o'dd Julie'n awyddus i fi fynd lan i'r March Cellar Club yng Nghaergrawnt, a dyma ddechra gyrfa newydd sbon.

O'dd boi yn y swyddfa'n mynd i drefnu popeth i fi – y gerddoriaeth, a fel hyn a fel arall. Bydde car ar gael i fynd â fi lan ac yn y blaen, ond wedodd neb wrtha i taw fi fydde'n talu am y siwrna yn y car. O'dd e'n dod mas o 'mhae! A phan gyrhaeddas i'r clwb o'dd dim PA 'da fi, dim byd ond y gerddoriaeth o'n nhw wedi'i rhoi i fi. Hanner awr o sbot o'dd gyda fi, ac wy'n cofio enjoio'i neud e. O'dd rhwbath cyffrous yn perthyn iddo fe, bod pobl yn clapo. O'r blaen, pan o'n i yn yr Embassy neu'r Balmoral a llefydd eraill, bydde pobl yn danso tra bo fi'n canu, ond nawr o'n nhw'n gwrando arna i ac yn ymateb. Fi o'dd y canolbwynt ac mae rhwbath fel 'na'n rhoi *buzz* i chi. Chi'n dod yn fyw.

Ta beth, tra bo hyn yn digwydd yng Nghaergrawnt, o'dd lot o betha wedi bod yn mynd mlaen gyda Larry Page. O'n

i'n dal i fod ar ei lyfra fe, ac wy'n ei gofio fe'n gweud wrtha
i un diwrnod: 'You'll have a gig in Ireland ... and we can
have adjoining rooms.' Ac wrth iddo fe weud 'na, dyma fe'n
winco arna i ac wy'n cofio meddwl, na, sa i'n moyn hyn. O'n
i'n moyn i 'ngyrfa ddatblygu yn y ffordd iawn, nage fel 'na.
Wel, cheso i ddim cytundeb arall gyda fe ac aeth popeth yn
dawel, felly arwyddas i gyda Julie Grayson a'i phartner Peter
Gordino i neud *cabaret*.

O'dd y sîn *cabaret* yn enfawr bryd hynny. O'dd shwt
gymaint o glybia gyda beth o'n nhw'n galw'n Bailey Circuits,
ac o'dd y clybia hyn dros y lle i gyd – un lan yn Newcastle,
Latino, 'yn ffefryn i, lle o'dd y llawr yn codi, un yn South
Shields ac un arall yn Sunderland. A bydden nhw'n cynnig
tri sbotyn – un am wyth o'r gloch, un arall am ddeg ac
un arall 'to am ganol nos. Yn ystod y cyfnod yma o'n i'n
gweithio gyda phobl fel y digrifwr Bob Monkhouse. Dyna i
chi ddyn gwych. O'dd e mor broffesiynol. Wy'n ei gofio fe'n
dod mewn un nosweth a *migraine* drwg arno fe, ac o'dd e'n
dala'i ben a phawb yn meddwl na fydde fe'n gallu mynd ar
y llwyfan. Yn sydyn, dyma fe'n troi ata i a gofyn: 'Can you
hold the door for me so that I don't jerk my head as I go
through?' Aeth e mas i'r llwyfan a man 'na buodd e am awr
gyfan fel 'se dim byd yn bod arno fe, a phan ddaeth e off
o'dd e'n gwingo mewn poen ac yn dala'i ben fel cynt. O'dd
e'n un o'r bobl 'na alle gadw stori i fynd am ucen muned
yn sôn am fywyd rhywiol morfilod dan y dŵr a phawb yn
wherthin! O'dd e mor, mor broffesiynol.

Wedyn o'dd clwb y Riverside ym Manceinion, a'r Fiesta,

un mawr yn Sheffield, ac un arall yn Middlesborough. Fe
weithias i eitha tipyn yn Middlesborough gyda phobl fel
y Cymro Spencer Davis a'r Spencer Davis Group a rhai fel
Eric Delaney a Solomon King. O'n i ddim yn lico Solomon
King; o'dd wastad rhwbath abythdu fe. Sa i'n gwbod. O'n i'n
gorffod canu gyda'r band am ucen muned fel rhan o'r set.
O'dd arfer bod gwaith am wythnos. Bydden i'n cyrraedd
rhyw glwb acha nos Sul a neud y *band call* – a mwy nag
un ambell waith – oherwydd os o'dd rhywun yn neud y
circuit, o'dd dishgwl iddyn nhw fynd o glwb i glwb. Ambell
waith o'dd gofyn i rywun neud mwy nag un clwb yn yr un
wythnos, ond fel arfer o'n i'n sefyll yn yr un lle. Whilo am
lety wedyn am yr wythnos cyn symud mlaen i rwle arall
yr wythnos ddilynol, a fel 'na o'n i'n mynd o le i le drwy'r
flwyddyn. Yng ngogledd Lloegr o'n i'n benna, ac o'n i bron
byth yn dod 'nôl i Gymru i ganu yn y cyfnod hwnnw, achos
o'dd dim llawer o glybia mawr yn y wlad hon bryd hynny.

    O'dd rhai o'r clybia yn Lloegr yn wirioneddol fawr, a
byddech chi'n perfformo o flaen cannoedd ar gannoedd o
bobl. Ar ben hynny, o'dd gan bron pob clwb o'r math yma
stafell gasino ar yr un safle. Y casino o'dd yn cynnal y clwb
mewn ffordd, ac yn talu'r cyfloga. Dyna shwt o'dd y clybia'n
gallu denu enwa mawr ond, yn nes mlaen, daeth tro ar fyd
pan ddaeth y Ddeddf Gamblo newydd mas a llacio'r rheola.
Agorwyd y ffordd ar gyfer casinos mwy masnachol, ac fe gas
hyn effaith ar y clybia. O dipyn i beth, dechreuon nhw gaead
lawr a mynd yn llai ac aeth y gwaith yn brinnach. Wrth
ddishgwl 'nôl, o'dd hi'n drist gweld diwedd cyfnod o'dd, i

lawer, yn gyfnod aur. Ond, diolch byth, o'dd sbel fach i fynd cyn y bydde hynny'n digwydd, felly cadwas i 'nhrwyn ar y maen heb edrych i weld beth o'dd ar y gorwel.

Yn ogystal â gogledd Lloegr, fe weithias i eitha tipyn yn Llunden hefyd. *Hostess clubs* – dyna beth o'dd lot o'r clybia yn Llunden, lle bydde dynon yn dod mewn wrth eu hunain i gael drinc. A bydde merched yn ishta yno'n barod amdanyn nhw i drio'u perswado nhw i hala mwy o arian. Cantores yn ymweld o'n i, ac o'n i'n mindo 'musnes. Sa i'n gwbod beth o'dd yn mynd mlaen a sa i'n moyn gwbod chwaith, ond o'n i'n 'i gweld hi'n anodd iawn gweithio yn y math yma o lefydd. Nage fel 'na o'dd hi mewn manna eraill lle bydde cypla'n dod mewn gyda'i gilydd. Yr unig glwb lle wnes i joio gweithio yn Llunden o'dd Best Cellar yn Leicester Square. O'n i'n arfer mynd man 'na am nosweth mas hyd yn oed, nage dim ond i weithio. A phwy ddaeth mewn un nosweth pan o'n i yno ond Dorothy Squires. O'dd hi'n enw anferth yn y cyfnod 'na a bydde pob pen yn troi ta ble o'dd hi'n mynd. Mae'n drist meddwl shwt cwplodd petha iddi ar ddiwedd ei hoes.

Cofiwch, amser o'ch chi'n mynd rownd yr holl glybia 'ma, o'ch chi'n gweithio gyda phob math o bobl. Un bues i'n gweithio gyda fe'n amal o'dd Frank Carson, y digrifwr o Ogledd Iwerddon. Mae'n rhaid i fi weud, o'n i ddim yn rhy hoff ohono fe. O'dd rhwbath caled a hunanol abythdu fe. Wy'n cofio neud sbot amser cinio 'da fe un tro. Wel, sôn am farw ar y llwyfan! O'dd hyn erioed wedi digwydd i fi o'r blaen ac o'dd e'n deimlad ofnadwy. Flynydda ar ôl 'ny

wy'n cofio'r diddanwr Gari Williams yn siarad â fi ac yn
gofyn: 'Wyt ti erioed wedi cerddad oddi ar y llwyfan yn sŵn
dy draed dy hunan?' A llifodd y prynhawn hwnnw 'nôl i
'nghof. Ta beth, achos taw amser cinio o'dd hi, o'dd y clwb
yn llawn dynon yn benna ac, wrth gwrs, cerddodd Carson
off y llwyfan yng nghanol môr o fonllefa, a dyma fe'n troi
ata i a gweud: 'I never die on stage.' Dyna beth cas i weud
wrth ferch ifanc, yn enwedig wrth rywun o'dd newydd
fynd trwy'r profiad yna. Wel, y noson honno, daeth tro
ar fyd achos fe ddigwyddodd yr un peth yn gwmws iddo
fe! Ar ôl brolio nad o'dd e byth yn cael ymateb gwael gan
gynulleidfa, ei dro ynta oedd e i farw a ches inna noson
dda. Felly mae'n digwydd i bawb. O'dd Gari'n arfer gweud
taw ym Mryste o'dd e'n cael yr amser caleta – achos taw
Cymro o'dd e wy'n credu – ond cheso i erioed unrhyw
drafferth man 'na achos sa i'n credu bod nhw'n sylweddoli
taw Cymraes o'n i am ryw reswm. Ond stori arall o'dd hi yn
Yeovil. Peidiwch â sôn wrtha i am Yeovil!

   Gwyddel arall – un wnes i ei hoffi'n fawr – o'dd y
digrifwr Dave Allen. Dyna gymeriad o'dd hwnna. A'i
iaith e – o, jiw jiw! Wy'n cochi jest wrth feddwl amdano
fe. Bydde fe'n mynd ar y llwyfan ac ishta ar y stôl 'na o'dd
gyda fe, a chyn i chi droi rownd bydde'r *tray* yn dod mas a
hwnna'n llawn whisgi. Ac ar ôl rhoi glased neu ddou mas i'r
gynulleidfa bydde fe'n yfed y gweddill ar ei ben ei hunan.
Wherthin!

Snogs a sglods!

O'dd lot o betha doniol yn digwydd amser o'ch chi ar yr hewl. Un stori arhosiff gyda fi am byth o'dd y diwrnod ceso i ordors gan 'yn asiant i adael 'y nghar mewn maes parcio ac aros am grŵp o fechgyn o'dd i fod i ddod i gwrdd â fi yn eu fan er mwyn mynd â fi i ryw gig a dod â fi 'nôl at y car ar ei ddiwedd e. Wy'n ffilu'n deg â chofio ble yn gwmws o'dd y maes parcio, ond anghofia i fyth beth ddigwyddodd. Nawr, wna i ddim ei wadu fe, o'n i ddim yn rhy awyddus i fynd gyda'r bechgyn diarth 'ma. Ond ta beth, dyma nhw'n cyrraedd yn eu fan a mewn â fi i ishta yn y cefen ac un boi bob ochr i fi a dou arall yn y ffrynt. O'dd un ohonyn nhw'n dod o Lanelli – Alex Welsh o'dd ei enw. Dechreuon ni siarad, ac ymhen ychydig dysgas i taw grŵp rhyw foi o'r enw Engelbert Humperdinck o'dd y rhain. Ond o'n i ddim tamed callach achos o'n i erioed wedi clywed am Engelbert Humperdinck, neu Gerry Dorsey fel o'dd e. O'dd e ddim yn enwog bryd hynny ac o'dd hyn ryw wythnos neu ddwy cyn i 'Release Me' saethu i rif un yn 1967.

Mlaen â ni yn y fan ac, ar ôl sbel, dechreuodd y bechgyn ffraeo ymysg ei gilydd pan stopodd y boi o'dd yn drifo a mynd mas i gael petrol. O fewn eiliad, dyma fe, Alex Welsh, yn gweud: 'Hey boys, he's having us on. He's putting petrol in again and we've already given him money for petrol. He's

robbing us.' O'n i ddim yn gwbod beth i feddwl nawr, felly
cadwas i'n dawel achos sa i'n lico fe pan mae pobl yn cwmpo
mas. Ta beth, daeth y drifwr 'nôl mewn i'r car a dechreuodd
y ffraeo eto ac, yn sydyn, dyma un o'r lleill yn cyhoeddi ei
fod e'n dechra colli ei lais a'i fod e'n becso na alle fe fynd
ar y llwyfan i ganu'r nosweth 'ny. Aeth y ffraeo o ddrwg i
waeth. 'Co ni off, meddylias i, a'r cwbwl o'n i'n moyn o'dd
cyrraedd y gig a gadael llonydd iddyn nhw. Wel ar hynny,
wedodd y drifwr: 'I'll sing instead of you. You know I've been
practising, but the only thing is, I've got nothing suitable to
wear.' A dyma'r boi â'r gwddwg tost yn cynnig ei siwt iddo fe,
felly dechreuodd petha dawelu eto ond o'n i, y dwpsen yn y
cefen, ddim wedi sylweddoli bod y drifwr lot yn dalach na'r
nall.

Ta beth, fe gyrhaeddon ni'r gig a dechreuodd y boi o'dd
yn mynd i ganu yn lle'r bachan arall fynd ati i baratoi. O'n
i'n teimlo mor flin drosto fe achos o'dd e'n nyrfas y diawl,
a gwnes i 'ngora i weud wrtho fe y bydde popeth yn iawn
ac nad o'dd isha iddo fe fecso, a fel hyn a fel arall. Ar ôl i fi
gwpla'n sbotyn i dyma fe'n gofyn i fi ddod i sefyll wrth ochr
y llwyfan er mwyn dangos cefnogaeth. A dyna netho i. O'n
i'n dal i feddwl taw'r *roadie* o'dd e. Mlaen â fe i'r llwyfan ac
o'n i'n becso amdano fe, pwr dab, ond yr eiliad agorodd ei
geg daeth y llais mwya bendigedig mas. O'dd e'n hollol wych.
Fe o'dd Engelbert Humperdinck ac o'n i ddim yn gwbod! Y
diawliaid! Tric o'dd y cyfan o'r eiliad neidias i mewn i'r fan.
O'n i'n teimlo mor dwp. Wherthinon nhw nes bod nhw'n
dost a finna'n gorffod sefyll yno a chymryd y cwbwl.

Y peth nesa, dyma nhw'n cynnig bod pawb yn mynd i gael *chips*, felly bant â ni a finna, yr un ddiniwed o Gwmgïedd, yn dal i achwyn oherwydd eu twyll a'u galw nhw'n bob enw dan haul. Ar ôl inni gyrraedd y siop sglods cydiodd e, Engelbert Humperdinck, yno' i a cheso i snog 'da fe yn y fan a'r lle o flaen pawb. Felly galla i wastad weud bo fi wedi cael snog 'da Engelbert Humperdinck mewn siop sglods!

Dyna'r unig dro i fi gwrdd â fe erioed, ond cwpwl o flynydda ar ôl 'ny, digwyddas i daro mewn i Alex Welsh yn Bradford. O'dd caffi yn arfer bod yn Bradford, ar y tyla ar y ffordd mas i Leeds, ac o'dd llawer ohonon ni'n aros 'na os o'n ni'n trafaelu yn yr ardal. Etho i mewn trwy'r drws un diwrnod ac wrth i fi fynd i ishta wrth un o'r bordydd gwelas i'r dyn 'ma yn dishgwl arna i, ond o'n i ddim yn ei nabod e achos o'dd golwg fel tramp arno fe, pwr dab. Ond nabyddodd e fi. Alex Welsh o'dd e a daeth e i ishta gyda fi ac, wrth inni ddechra cloncan, wedodd e taw fe ysgrifennodd yr *hit* mawr 'Ten Guitars'. Wel, o'n i ddim yn gwbod beth i feddwl achos o'dd shwt olwg dlawd arno fe ac, os o'dd e'n wir, bydde fe wedi ennill ei ffortiwn a fydde fe ddim yn dishgwl fel y dyn o'r coed o'dd o mlaen i. Ond wedyn mae pobl yn gallu bod yn ddiniwed. Mae rhai mor barod i ddangos cân maen nhw wedi'i sgrifennu i rywun arall gael pip arni a rhoi barn, a'r peth nesa mae'r person hwnnw'n mynnu taw fe neu hi sy biau hi ac yn ei recordo. Mae pethe fel 'na wedi digwydd dro ar ôl tro yn y diwydiant canu ac mae sawl achos wedi cael ei brofi. Felly mae'n ddigon posib ei fod e'n gweud y gwir, sa i'n gwbod, ond dyna wedodd e.

Cymro arall gwrddas i ag e tra o'n i'n gweithio rownd
y clybia o'dd y canwr Donald Peers o'r Betws ar bwys
Rhydaman. Dyna gariad o ddyn o'dd hwnna. O'n i'n ei addoli
fe – gŵr bonheddig os buodd un erioed. O'dd e'n perthyn i'r
hen deip, ac yn ei ddydd o'dd e wedi bod yn enwog iawn ac
yn boblogaidd tu hwnt. Ei gân fwya adnabyddus o'dd 'In a
Shady Nook by a Babbling Brook'. Pan welas i fe gynta o'dd
e'n trio gweithio'i ffordd 'nôl i'r *club circuit* ar ôl bod mas yn
Awstralia. Mewn clwb ym Manceinion o'n ni. O'dd y clwb ei
hunan lan llofft, a'r stafell wisgo mewn arcêd, ac o'dd rhaid
mynd trwy'r arcêd i gyrraedd y llawr cynta. Un peth wy'n
ei gofio amdano fe o'dd bod wastad crafat amdano, a golwg
daclus, smart arno fe, bron fel 'se fe'n perthyn i oes arall. Y
noson arbennig yma, o'dd e eisoes wedi neud ei *band call* ac
o'n inna'n barod i fynd mlaen i neud 'yn sbotyn 'yn hunan.
Lan â fi nawr o'r stafell wisgo i'r clwb, ac o'n i'n mynd i agor
gyda 'Step Inside Love', cân fawr Cilla Black. Ta beth, dyma'r
boi 'ma wrth y drws yn troi ata i a gweud: 'I can tell you one
thing, Peers is going to have a tough time tonight. The place is
full of youngsters. He's going to die out there.' Dyna beth cas
i weud.

Wel ymhen tipyn, tro Donald Peers o'dd e i fynd ar y
llwyfan ac o'dd e'n stryglan achos y caneuon o'dd gyda fe ...
o'dd y bobl ifanc ddim yn gyfarwydd â nhw. Aeth hyn mlaen
am damed bach a beth wnaeth e'n sydyn o'dd troi at y boi
wrth y piano ac arwyddo iddo newid i gywair C neu gywair
F ac yn y blaen. O'dd hyn yn beth dewr iawn i neud ar ganol
act, ond fe gymerodd e'r risg, ac o'dd dim dewis gyda'r bois

Priodas Mam a Dad, Mawrth 1947. O'r chwith i'r dde, top: Davies Ainon, Gwyn Crown (Thomas), ffrind i Mam, gwas priodas Dad, Dad, Mam, Wncwl Jim, Tegwen, chwaer Mam, Mary, ffrind i Mam, Shirley chwaer Dad, ffrindia. Gwaelod: Wil Jim, tad Dad (Tad-cu Gwac Cwac o'n i'n galw arno), Merle, chwaer ifanca Dad, Hilda fy mam-gu (mam Mam), Les drws nesa, Mam Cwm (Carrie), Dad-cu James (Dai), tad Mam

Mam gyda fi'n flwydd oed

Tŷ dol hyfryd wnaeth Dad
i fi un Nadolig. Roedd e'n
gwneud y gwaith pren â llaw

Ar wylia yn Langland, Bro Gŵyr

Dathliada coroni Elizabeth II – parti stryd yn Lluest a fi yn y canol, 1952

(O'r chwith i'r dde) Dad, Eddie, brawd Mam, Mam, Tegwen a'i gŵr a fi ger y Trallwng

Ar fin mynd i'r ysgol fawr

Caryl a fi yn Ynys y Barri yn haf 1962 –
ffrindia bore oes

Caryl a fi yn 2014

Mam a Dad ar wylia haf

Partneriaeth berfformo yn y dyddia cynnar! Fi a Bobby Wayne yn blant bach

Dechra ar y daith berfformo – yn yr Embassy Ballroom, 1964

Canu yn y Glen, Llanelli

Ymweliad â Trafalgar Square jest ar ôl i fi symud i Lunden yn 16 oed

Mam-gu (Hilda, ar y chwith), Anti Kate ac Wncwl Dave tu fas i 94 Hotham Road, Putney, lle o'n i'n aros pan symudas i i Lunden

PAGE ONE NEWS!

PAGE ONE RECORDS LIMITED

A STAR IS BORN A STAR IS BORN A STAR IS BORN A STAR IS BOR
STAR IS BORN A STAR IS BORN A STAR IS BORN A STAR IS BORN
STAR IS BORN A STAR IS BORN A STAR IS BORN A STAR IS BURN

She may be star of the future

TONI CARROL

MEMBERS of March Marcam Cellar Club who saw the cabaret at the club last weekend were, in my mind, able to listen to one of the big stars of the future.

The artiste I am referring to is Toni Carrol, a five-foot nothing Welsh singer who has the power in her voice to match such great stars as Shirley Bassey and Cilla Black.

Toni was discovered by Larry Page, one of London's top recording managers about 18 months ago after doing some small dates in Wales.

Not only does she have a powerful voice, but she has the talent and confidence which must take her along the road to the top.

When I spoke to her I found that she retained her confidence off the cabaret floor, and was very friendly and charming.

She told me that she enjoys cabaret work as she does not want to settle for any special act. She likes to do ballads and from the results and I heard I think she should keep to that.

At the moment she is recording for Fontana, but her records are produced by Page One records who will be releasing material under their own label later in the year.

Her latest record is "She don't understand him like I do," and if it gets enough plays on television and radio, it could just make the charts.

I hope it does — she deserves the success which I am confident is waiting for her.

For further information on the above please contact
ALAN ISENBERG at the address below

With the compliments of

ANGELA HOWARD

Press Relations Officer

JAMES HOUSE 71-75 NEW OXFORD STREET LONDON W.C.1
Telephone : TEMple Bar 4864 (5 lines)   Cables: DEJAMUS, LONDON, W.C.

yn y band ond ei ddilyn e. Wel, erbyn diwedd yr act, o'dd pob un o'r bobl ifanc yn y clwb yn canu 'In a Shady Nook by a Babbling Brook' a'r hen ffefrynna i gyd gyda fe! Wna i byth anghofio'r noson honno. Felly, dyma fi'n troi at y boi wrth y drws a dishgwl yn hen ffasiwn arno fe, cystal â gweud: 'Hwp hwnna lan dy drwyn!' Pan ddaeth Donald Peers oddi ar y llwyfan wedyn, o'dd y boi wrth y drws yn gorfod mynd â ni 'nôl lawr i'r stafell wisgo, ac o'n i mor falch dros 'y nghyd-Gymro, ac wy'n ei gofio fe'n rhoi cwtsh i fi ar y staer a sibrwd yn 'y nghlust: 'Iechyd da pob Cymro, twll tin pob Sais!' Gwenu wnaeth y boi wrth y drws a chyhuddo'r Cymry o fod yn sofft wrth weld y ddou ohonon ni'n cwtsho ac yn cusanu. Tase fe ond yn gwbod beth wedodd Donald Peers!

Un peth wy'n hanner difaru neud o'dd gwrthod ei wahoddiad i fynd gyda fe i Awstralia. O'dd e'n mynd 'nôl mas 'na a medde fe: 'Dere 'da fi. Fyddi di byth yn seren enfawr yn Awstralia, ond fyddi di byth mas o waith.' O'n i fel hyn a fel arall yn trio penderfynu beth i neud, a dyna'r tro ola i fi ei weld e yn y cnawd. Aeth e 'nôl i Awstralia a chael damwain gas. Cwmpodd e oddi ar ymyl y llwyfan tra o'dd e'n perfformo un noson a phan welas i fe ar y teledu sbel ar ôl 'ny, wy'n cofio llefen achos o'dd e'n canu un o'i ganeuon mawr eraill, 'Please Don't Go', mewn cadair olwyn. 'Wy wedi meddwl lot dros y blynydda beth fydde wedi digwydd i 'ngyrfa 'sen i wedi mynd i Awstralia gyda fe. Ond beth o'n i ddim yn ei wbod ar y pryd o'dd bo finna ar fin mynd i deithio hefyd … i rwle hollol wahanol.

Menywod mawr a milwyr

M is Ebrill 1969 o'dd hi pan etho i ar y traen o Lunden i Frankfurt yn yr Almaen. O'n i i fod i fynd mas trwy Julie Grayson, ond o'dd hi wedi mynd at asiant arall, sef Louis Rodgers. O'n i ddim yn gwbod ar y pryd taw fe o'dd tad y gantores Clodagh Rodgers o Ogledd Iwerddon, a aeth mlaen i gynrychioli'r Deyrnas Gyfunol yn yr Eurovision Song Contest.

Ta beth, mas â fi ar ben 'yn hunan fach a chyrraedd Frankfurt am un o'r gloch y bore. Wedyn tacsi o'r steshon i'r Nord Hotel. Aeth popeth fel watsh nes i fi gyrraedd y gwesty ac egluro wrth y fenyw fawr y tu ôl i'r ddesg fod stafell wedi'i chadw i fi yn enw Toni Caroll. Edrychodd y fenyw fawr drwy'r llyfr cyn codi'i phen i weud wrtha i nad o'dd dim byd wedi'i gadw dan yr enw 'na a bod y gwesty'n llawn. Wel, os do fe – o'n i ddim yn gwbod beth i neud nawr achos o'dd hi'n hwyr ofnadw erbyn hyn, ac o'n i wrth 'yn hunan mewn lle hollol ddiarth. Cyn i fi gael cyfle i fynd i banics mawr dyma fenyw arall – un dal, smart o'dd yn sefyll y tu ôl i fi tra bod hyn i gyd yn mynd mlaen – yn camu at y ddesg. Ffindas i mas yn ddiweddarach ei bod hi wedi trafaelu ar yr un traen â fi o Lunden a bod y ddwy ohonon ni gyda'r un asiant. Maxine Marquis o'dd ei henw ac o'dd hi wedi bod yn gwrando ar bob gair. Cydiodd hi yn y llyfr a rhedeg ei bys ar hyd y dudalen cyn cyhoeddi'n llawn hyder: 'That's my name there.' Nage ei henw hi o'dd e, wrth gwrs. O'dd hi'n becso y bydde'r fenyw fawr yn gweud yr un peth wrthi hi, felly esgus wnaeth hi taw hwnna o'dd ei henw. Yn sydyn reit, dyma hi'n troi ata i a gweud: 'Well I've got a room. Do you want to share with me?' O'n i ddim yn gwbod beth i feddwl. O'n i erioed wedi gweld y fenyw 'ma o'r blaen, ond ar y llaw arall, o'n i ar fin bod mas ar yr hewl heb syniad le o'n i'n mynd i gysgu. Felly o'dd fawr o ddewis gyda fi ond derbyn ei chynnig. Wel, i dorri stori hir yn fyr, o'dd dim eisie i fi boeni am ddim byd. O'dd hi'n fenyw hyfryd a daethon ni'n ffrindia mawr.

Bob dydd dros yr wythnosa nesa, bydde Maxine yn mynd un ffordd a bydden inna'n mynd ffordd arall, yn canu mewn gwahanol lefydd. Cyflogon nhw ryw grŵp i neud y gerddoriaeth gefndir i fi. Bois o Iwerddon o'n nhw o'r enw News ac, erbyn i ni gwrdd, ffindas i mas nad o'dd yr un ohonyn nhw'n gallu darllen nodyn o gerddoriaeth! Felly ceson ni'n cyfyngu i ymarfer caneuon o'dd yn gyfarwydd i'r ddwy ochr – petha o'n nhw'n gallu whare'n barod – ond o'dd dod o hyd i ddeunydd o'dd yn siwto pawb yn dipyn o beth. Wrth gwrs, o'n nhw'n fwy o fand roc tra bo finna'n fwy o gantores *cabaret*, felly o'n ni'n gorffod mynd am ganeuon fel 'In the Midnight Hour' a rhyw betha fel 'na er nad o'n nhw'n siwto fi a bod yn onest, ond shifftas i.

Ymhlith y llefydd o'n i'n mynd i ganu ynddyn nhw o'dd canolfanna'r milwyr, y *squaddies*. Ar ôl sbel, etho i mlaen i'r Sergeants' Mess a'r Officers' Mess. O'n i a band arall – grŵp

o ferched o America o'r enw y Chips – yn trafaelu gyda'n
gilydd ac yn mynd o un lle i'r llall tra bo Maxine yn neud yn
gwmws yr un peth ond mewn lle gwahanol.

Ta beth, aeth amser mlaen a dim sôn am arian yn dod
drwodd i ni, a ffindon ni mas fod Clodagh Rodgers yn
dechra neud yn dda gyda 'Come Back and Shake Me' ar
ôl i'r gân saethu lan y siartia. Oherwydd y llwyddiant yna
o'dd gan ei thad fwy o ddiddordeb mewn trafaelu rownd
gyda hi wedyn ac anghofiodd e amdanon ni'n dwy mas yn
yr Almaen. O'dd arian wedi mynd yn brin iawn erbyn y
diwedd, ac wy'n cofio Maxine a finna'n gorffod byw ar fwyd
parod o'r archfarchnad a phrynu *baguettes* a rhyw betha fel
'na a'u siaro nhw rhynton ni. Do, fe geson ni'r arian jest cyn
inni adael Frankfurt, ond o'dd hi ddim yn hawdd a buon
ni'n stryglan am sawl wythnos.

Ond digwyddodd un peth doniol yn sgil busnes yr arian.
Wrth i'r wythnosa fynd yn eu blaen a dal dim sôn am gael
ein talu, o'dd rhaid i fi fynd i swyddfa rhyw asiant mas 'co
i weld abythdu fe ac i egluro bod ar Louis Rodgers arian i
ni. Nawr, o'dd y swyddfa yn un o strydoedd mwya … shwt
wedwn ni? … mwya lliwgar Frankfurt. Coch o'dd y lliw
hwnnw ac enw'r stryd o'dd y Kaiserstrasse, a honno'n llawn
puteiniaid yn y ffenestri ar hyd iddi. Wy'n cofio'r tro cynta
i fi fynd yno a finna'n gwisgo colur llawn, yn barod i fynd
mlaen i ganu yn rhywle'r nosweth 'ny, ac o'n i'n ffilu deall
pam bod y dynon 'ma'n dod ar 'yn ôl i wrth i fi gerdded lawr
y stryd. O'dd dim clem 'da fi beth o'dd y Kaiserstrasse, ond
anghofia i byth y penna'n troi a'r dynon yn dod lan ata i! Ych

a fi! Galla i wherthin nawr, ond o'dd hi'n dipyn o sioc ar y pryd.

Yn fuan ar ôl hynny, gadewas i Frankfurt a mynd i Morecambe ar gyfer y Summer Season. A dyna beth od, achos cwrddas i â Maxine eto. Do, daethon ni'n dipyn o ffrindia.

De Affrica

Yn fuan wedyn, tua diwedd mis Awst os cofia i'n iawn,
ceso i alwad ffôn wrth yr asiant Nat Berlin o gwmni
London Management. Dyna i chi ddyn hyfryd. O'n i'n dwlu
arno fe. O feddwl 'nôl, o'dd e siŵr o fod yn hoyw, achos
yn amal iawn wrth roi job *cabaret* i fi, bydde dyn ifanc –
bachan annwyl iawn o Dde Affrica – yn dod hefyd. Daeth
e gyda fi sawl gwaith a weithie bydde Nat yn dod i gwrdd â
ni. Ta beth, pwrpas yr alwad ffôn o'dd cynnig gwaith i fi yn
Durban yn Ne Affrica. Felly mas â fi!

O'dd y *flight* i Johannesburg yn dda, ond o Jo'burg i
Durban, o'n i'n meddwl 'sen ni byth yn cyrraedd – byth yn
codi i'r awyr hyd yn oed, achos bod yr awyren mor sigledig.
O'n i wir yn dishgwl iddi gwmpo'n bishys yn y maes awyr.
Ond cyrraedd wnaethon ni ac etho i i aros yn y Beverly Hills
Hotel, gwesty pum seren cynta De Affrica, yn Umhlanga
Rocks. Sa i'n gwbod shwt o'n nhw'n llwyddo i weud yr enw
hwnnw ond o'n nhw'n clico'u tafoda ac o'dd e'n wych eu
clywed nhw. O'dd y gwesty'n wirioneddol ffantastig, reit ar
lan y môr a man 'na o'n i i fod i ganu yn y *cabaret*. Stryglas i
am y ddwy noson gynta achos ble o'dd e. O'dd yr awyr mor
drymaidd a cheso i drafferth anadlu'n iawn. Dechreuas i
fecso achos, yn ôl y cytundeb, o'dd dishgwl i fi fod yno am
chwe wythnos.

O'dd y clwb nos lle o'n i'n canu yn rhan o'r gwesty a wna i byth anghofio rhybudd y fenyw o'dd yn ei reoli fe. Daeth hi ata i ar y dechra a gweud bo fi ddim yn cael siarad â'r bobl groenddu o'dd yn gweithio yno yn y gegin, y lle byta ac yn y blaen. O'n i ddim yn cael neud dim byd â nhw neu gallen i gael jael. Yn sicr, o'n nhw ddim yn cael canu gyda fi na rhannu'r un llwyfan â fi. Dyna'r gyfraith. O'n nhw'n cael eu trin yn ofnadwy. Ond un dda o'dd y fenyw 'ma, ac o'dd hi'n neud ei gora i herio'r system a'u helpu nhw. Un diwrnod, halodd hi un o'r gweithwyr 'nôl i'r gwely achos bod golwg dost arno fe. Edrychas i arni heb ddeall ond o'dd hi'n nabod nhw, a wedodd hi ei bod hi'n gwbod y bydde hi'n cael carchar ryw ddiwrnod am neud rhai o'r petha o'dd hi'n neud. Yn fuan iawn ar ôl cyrraedd Durban, dyma fi'n sylweddoli bo fi wedi dod i ganol rhwbath mawr.

O'n i'n gweld apartheid ar waith o flaen 'yn llygaid. O'dd dim hawl gyda'r bobl ddu i gerdded ar yr un pafin â'r rhai gwyn nac i drafaelu ar yr un bws â nhw. Cyn mynd mas, o'n i ddim wedi sylweddoli bod petha mor ddrwg. Ar y pryd o'dd lot fawr o brotesto yn erbyn y system apartheid yn Ne Affrica, ac wy'n cofio'r holl ymdrechion yn nes mlaen i stopo tîm rygbi'r Springboks rhag dod ar daith i wledydd Prydain. O'n i'n gallu gweld pam.

O'n i'n arfer siarad â'r bobl ddu acha slei ac o'n nhw'n neud yr un peth gyda fi. Wy'n cofio'n arbennig un o'r dynon o'dd yn gweithio yn y *restaurant* – bachan annwyl – yn dod ata i un diwrnod i weud wrtha i am fod yn garcus wrth fynd mas achos, er ei bod hi'n gymylog, o'dd yr haul

yn dwyllodrus o gryf. O'dd e'n becso y bydden i'n llosgi.
Ychydig ar ôl hynny, daeth cwpwl o Capetown – cyfrifydd
a'i wraig – i sefyll yn y gwesty, ac wy'n ei chofio hi'n clico'i
bysedd ar y dyn o'dd yn gweithio yn y *restaurant* ac ynta'n
rhedeg tuag ati. A gofynnas iddo fe un diwrnod pam ei fod
e mor barod i neud y gwaith 'na a'r ateb roiodd e o'dd ei fod
e'n ei neud e er mwyn rhoi addysg i'w blant. Dyna i chi ddyn
gwych a dyna i chi beth ofnadwy bod shwt sefyllfa'n bodoli.
Mae hwnna wedi aros gyda fi.

Yn ystod 'y nghyfnod yn Durban, o'dd tad y dyn o'dd
biau'r gwesty wedi dechra cymryd diddordeb yno' i ac
o'dd e'n cadw i ofyn i fi fynd gyda fe i'r synagog o bobman!
Flynydda 'nôl, o'dd llawer yn meddwl taw Iddewes o'n i am
ryw reswm, ac o'dd hynny'n digwydd yn amal pan o'n i'n
gweithio ym Manceinion, er enghraifft. A digwyddodd yr
un peth eto yn Ne Affrica. Ta beth, ei fab e, Sol Kerzner,
o'dd biau'r Beverly Hills ac aeth e mlaen i agor yr enwog
Sun City o'dd mor boblogaidd gyda'r enwogion a phobl
gyfoethog. Mae'n amlwg taw'r un rong o'dd wedi'n ffansïo i!
Wel, fe gas y tad drawiad ar ei galon tra bo fi mas 'na. O'dd
e'n dost iawn a sa i'n siŵr beth ddigwyddodd iddo fe.

Nage fe o'dd yr unig un i fod yn dost. Cyn mynd i Dde
Affrica buas i'n gweithio mewn clwb nos yn Llunden lle
o'dd goleuada *ultra violet*, y rhai 'na o'dd yn tynnu'r gwyn
mas o'ch dillad. Llwyfan bach o'dd yno ac o'dd y nenfwd
yn isel isel, ac wy'n cofio'r *ultra violets* hyn yn effeithio ar
'yn llygaid pan o'n i'n canu achos bod nhw mor agos ata i.
Ta beth, wnes i ddim meddwl gormod am y peth ar y pryd

achos bod petha eraill a llefydd eraill yn mynd â 'mryd.
O'n i ar fin mynd i Dde Affrica! Wel, ar ôl wythnos mas yn
Durban, llosgas i'n *chest* yn ddrwg. Nawr, o'n i wedi bod yn
garcus i beidio â hala llawer o amser mas yn yr haul, felly
o'n i'n ffilu'n deg â deall beth o'dd yn bod arna i ac o le o'dd
hyn wedi dod. O'dd rhaid i fi fynd rownd yn dala bag yn
llawn dŵr ac o'dd y croen ar 'y ngwyneb wedi pilo cymaint
fel o'n i'n ffilu gwisgo colur i weithio yn y nos. Ac os nag
o'dd Toni Caroll yn gallu gwisgo colur, o'dd hi'n ddiwedd y
byd!

Ond i dorri stori hir yn fyr, o'dd rhaid i fi dalu i weld
arbenigwr yn y diwedd a wedodd e bo fi wedi cael *third
degree burns*. Ar ôl gofyn pob math o gwestiyna, dyma fe'n
gweud wrtha i nage'r haul o'dd wedi neud hyn i fi. Llosgad
o fath arall o'dd hwn, meddai. Etho i ato fe ddwywaith a
wedodd e bo fi wedi bod yn lwcus dros ben. Pan sonias i
wedyn am y goleuada *ultra violet*, a fel o'n nhw'n effeithio
ar 'yn llygaid i, wedodd e taw dyna o'dd yn gyfrifol am y
llosgi. Y goleuada yn y clwb 'na yn Llunden o'dd wedi'i
neud e. O'dd e arna i cyn bo fi'n mynd mas i Durban ac
fe ddaeth i'r amlwg achos bod yr haul yn Ne Affrica mor
gryf. Ond dim ond mewn dou fan ar 'y nghorff o'dd e – 'y
ngwyneb a'n *chest* i – felly o'n i heb ei gael e trwy orwedd
yn yr haul neu bydde manna eraill ar 'y nghorff i wedi'u
llosgi hefyd. O'dd e arna i'n barod, a wedodd yr arbenigwr
y galle fe fod wedi mynd mewn i fi 'sen i heb ei ddala fe
mewn pryd. Felly, mewn ffordd, o'dd e'n beth da bod haul
De Affrica wedi'i dynnu fe mas.

Trwy hyn i gyd, wrth gwrs, o'n i'n gorffod dod i ben wrth 'yn hunan. 'Se fe wedi bod yn neis cael cwmni i rannu'r gofid, ac i rannu'r amsera da hefyd. 'Se fe wedi bod yn neis cael cwmni Mam a Dad er mwyn gallu gweud bob nawr ac yn y man: 'Shgwl ar hwnna!' neu 'Dere i siopa 'da fi.' Gallen i fod wedi enjoio hynny, ond o'n i wrth 'yn hunan drwy'r dydd nes bo fi'n mynd i'r gwaith gyda'r nos, ac o'dd neb gyda fi i roi barn nac i gael ymateb. Ond ceso i amser da iawn er bo fi wrth 'yn hunan.

Reit ar ddiwedd 'y nghyfnod yn Ne Affrica, wy'n cofio gorffod mynd i'r swyddfa dreth cyn dod sha thre i weld os o'dd arna i arian iddyn nhw, achos o'n i ddim yn cael dod ag arian mas o'r wlad heb dalu treth yn gynta, a blynydda ar ôl hynny ffindas i bishyn o bapur ac arno'r geiria 'no tax to pay'. Ac mae 'na stori ddoniol y tu ôl i hynny. Pan etho i mewn i'r swyddfa, o'dd boi o Loegr yn gweithio wrth y ddesg. Amser ffindodd e mas taw Cymraes o'n i, cyhyd â bo fi'n promisho iddo fe y bydden i'n hala copi o recordiad o 'Cwm Rhondda' ato fe ar ôl cyrraedd gatre, fydde dim rhaid i fi dalu unrhyw dreth, meddai fe. A dyna ddigwyddodd!

Hwylio i'r dyfodol

Ar ôl hedfan 'nôl i Brydain, etho i i weithio eto yng nghlwb Verdi's yn Covent Garden, ac mae'n rhaid i fi gyfadde bo fi'n teimlo braidd yn isel yn ystod y cyfnod yma. O'dd hi mor oer yn un peth, ac o'n i'n sythu ar ôl wythnosa o dywydd braf De Affrica. Hyd yn oed pan o'dd hi'n gymylog mas 'na, o'dd hi'n dwym. Ta beth, draw â fi i Verdi's ac o'dd band – tri bachgen – yn gweithio yno hefyd. Nhw o'dd y band o'dd yn whare i fi yn y *cabaret*, ac o'n nhw'n cadw i fynd mlaen a mlaen am y cytundeb o'n nhw wedi'i gael i fynd i weithio ar y *Franconia*, un o longa Cunard. O'dd un o'r bois yn enwedig, yr un o'dd yn canu'r *keyboards*, yn cadw i weud taw dim ond hyn a hyn o ddyddia o'dd ar ôl cyn bod nhw'n mynd i weithio ar y llong, a fel hyn a fel arall. Wel, dychmygwch shwt o'n i'n teimlo nawr wrth glywed rhain yn mynd mlaen a mlaen abythdu fe.

Yna, un diwrnod, a minna'n ffilu mynd yn is o ran 'yn ysbryd, ceso i alwad ffôn hollol annisgwyl gan London Management. O'n nhw'n moyn i fi ddod i gael gair 'da nhw yn y swyddfa. Wel, mewn â fi ac o'dd dim clem gyda fi pam eu bod nhw mor awyddus i siarad â fi. Etho i ddim pellach nag ysgrifenyddes Nat Berlin. Pan welodd hi fi, dyma hi'n gofyn yn blaen a o'n i'n ffansïo mynd i Fort Lauderdale. A

dyna ddangos pa mor dwp o'n i ar y pryd achos o'dd dim
syniad 'da fi ble yffarn o'dd Fort Lauderdale! O'n i erioed
wedi clywed am y lle. Yr unig eiria ddaeth o 'mhen o'dd: 'Is
it sunny there?' Dishgwlodd hi arna i'n dwp, a phan atebodd
ei bod hi'n heulog iawn yn y rhan yna o'r byd wedas i: 'I'll
go!' Heb ofyn rhagor o gwestiyna, arwyddas i'r cytundeb i
fynd i weithio ar y *Carmania*, bad arall o'dd yn perthyn i
Cunard, a chwaerlong i'r *Franconia*. O'n i fel ci â dou gwt.
A ffindas i mas fod y *Carmania* yn gadael wythnos neu
bythewnos cyn un y bechgyn, felly bant â fi draw i Verdi's fel
llong ar dir sych i weud wrth y bois ac i rwto halen i'r briw!
Ac amser clywon nhw bo fi'n mynd mas i'r Caribî, a hynny
cyn nhw, o'dd colled arnyn nhw. Wherthin!

Felly, ddiwedd mis Hydref 1969, a minna'n ferch
ucen oed, etho i lawr i Southampton i ddala'r llong i Fort
Lauderdale. Sa i'n gwbod a allen i neud hynny heddi ond, ar
y pryd, o'n i'n ifanc a rhywsut mae mwy o hyder gyda chi.
Mae'n swno'n anghyfrifol ond, ambell waith, mae'n well
bo chi ddim yn gwbod beth sy o'ch blaen chi. A dyw hyn
ddim yn digwydd nawr achos taw hedfan mas i ymuno â'r
llong maen nhw, ond 'nôl yn y chwedega o'dd rhaid croesi
ar y llong ei hun. Cymerodd hi ryw wythnos inni gyrraedd
ac o'dd hi'n eitha anodd mewn manna, ond wnes i ddim
dechra gweithio nes inni gyrraedd y pen arall. O'dd y bad
yn mynd mas i'r Caribî am y gaea a dod 'nôl wedyn ddiwedd
mis Ebrill y flwyddyn ddilynol i drafaelu rownd y Med dros
fisoedd yr haf. Fel 'na o'dd hi'n gweithio.

O Fort Lauderdale i'r Caribî a 'nôl i Fort Lauderdale –

dyna o'dd y *route* – gan alw heibio ynysoedd fel Curaçao, Martinique, Barbados, Grenada, Kingston Jamaica a llefydd fel 'na. O'dd y *cruise* lleia'n para pum diwrnod a'r un hira'n para pythewnos a bydde hwnna'n mynd lawr mor bell â Venezuela. Ym mhrif neuadd y bad o'dd cerddorfa ar gyfer y *cabaret* mawr. I'r bobl o'dd yn moyn ishta'n dawel a gwrando ar damed bach o jazz a rhyw betha fel 'na, o'dd triawd yn yr Albany Room. Wedyn o'dd triawd arall, ond fwy fel pop neu roc, lan yn yr Island Club, sef y clwb nos. O'n i'n gweithio bob nos gan ddibynnu ar hyd y *cruise*. O'dd siŵr o fod mil o deithwyr ar fwrdd y llong a bron pob un o'r rheina'n Americanwyr. Sa i'n gwbod faint o griw o'dd gyda ni, ond o Lerpwl o'dd llawer ohonyn nhw'n dod. Os o'n i'n gweithio pum noson, bydden i'n neud pedair wrth 'yn hunan yn y *cabaret* ac un gyda gweddill yr artistiaid, a bydde'r pennaeth adloniant yn ymuno â ni hefyd. Fel wedas i, yn y brif neuadd o'dd hyn i gyd, ond o'n nhw'n erfyn i ni wedyn gymysgu gyda'r teithwyr lan yn yr Island Club yn y nos.

Man 'na bydden ni'n sgwrso gyda nhw a chael drinc, ond i rywun fel fi, gwaith, gwaith, gwaith o'dd popeth, ac o'n i ddim yn gyfarwydd ag yfed – o'n i byth yn neud, achos o'dd dim cyfle gyda fi. Wy'n cofio mynd i ishta wrth y bar y tro cynta ac o'dd dim clem gyda fi beth i ordro. Etho i i banics, ond yn sydyn cofias i fod Mam-gu wastad yn lico glased fach o sieri, felly dyma fi'n gofyn am sieri! Sôn am ddiniwed. Ac wy'n cofio'r boi tu ôl i'r bar yn dishgwl arna i ac o'dd ei lygaid e ... *Oh my God*, o'dd llygaid ffantastig 'da fe. Ac yn

syth o'dd *chemistry* rhynton ni – wwff! O'dd *chemistry* mawr
'na. Ta beth, ordras i'r sieri a dyma fe'n troi ata i a gweud:
'Sherry? You shouldn't be drinking sherry.' Ac o'n i'n meddwl
taw'r rheswm o'dd e'n cwestiynu hyn o'dd achos bo fi mor
ifanc. Ucen oed o'n i. Walle taw diod i hen fenywod o'dd sieri
yn ei olwg e.

'Oh, no,' ychwanegodd e, 'it's very addictive and you have
to be careful, especially where we're going in all this strong
sun.' A dyna'r tro cynta ceso i dast o Myers's Rum. Dysgas i
lot am ddiodydd diolch i'r boi 'ma, achos o'dd e'n glipar am
neud coctels. Ac os o'n i'n dost ar y bad bydde fe'n rhoi brandi
a phort i fi er mwyn setlo'r stwmog. A defnyddias i frandi
a phort am flynydda os o'dd stwmog tost neu broblema
menywod 'da fi – yr un faint o frandi â phort a'i sipan e.

Dysgas i lot am y boi â'r llygaid pert y tu ôl i'r bar hefyd.
Ei enw fe o'dd John, ac o'dd e'n briod. Ond dros yr wythnosa
dilynol, fe ddaeth e a fi'n dipyn o ffrindia, a bydde fe'n
dishgwl ar 'yn ôl i ac yn neud yn siŵr bo fi'n iawn.

Ta beth, pan o'n i ar y bad, o'n i'n arfer siaro caban gyda
merch o Northampton. Liz o'dd ei henw ond 'Och Aye The
Noo' o'dd pawb yn arfer ei galw achos taw Sgoten o'dd hi.
O'dd hitha hefyd yn rhan o'r *cabaret* ac yn perthyn i driawd –
hi a dou fachgen. A phan o'n ni'n mynd 'nôl i Fort Lauderdale
ar ôl wythnos o drafaelu rownd ar y bad, o'n ni'n arfer mynd
i le o'r enw Ocean World, lle o'dd dolffiniaid a morfilod yn
neud siew i'r twristiaid. Dechreuon ni fynd 'na'n rheolaidd,
a daethon ni i nabod rhai o'r bobl o'dd yn gweithio yno.
O'dd un bachgen o'r enw Tommy o'dd yn reslo aligator ac un

arall, Dudley, o'dd yn gweithio gyda'r dolffiniaid. Ac wy'n difaru hyd y dydd heddi bo fi heb fanteisio ar y cyfle i fynd i nofio gyda'r dolffiniaid, achos ceso i gyfle i fynd mewn i'r tanc gyda nhw, ond o'dd gormod o ofan arna i. O'dd y tanc mor ddwfwn ac o'n i'n becso y bydde un ohonyn nhw'n 'yn nhynnu i lawr ac y bydden i'n ffilu dod 'nôl lan, ond 'wy mor flin bo fi heb neud achos o'n nhw'n greaduriaid mor ddeallus. O'n nhw'n ddoniol hefyd, a bydde rhai ohonyn nhw'n jwmpo lan yn yr awyr os dele rhywun yn agos a bydden nhw'n glanio ar wyneb y dŵr gan dasgu dŵr dros bobman a gwlychu pawb at eu crwyn. Ac ar ôl i bawb gael socad, dyna le bydden nhw'n wherthin ac yn cadw sŵn. Mae dolffiniaid yn greaduriaid arbennig. Ond aethon ni 'nôl i Ocean World un tro ar ôl bod ar y bad a gweld bod golwg ofnadwy ar y lle. O'dd tornado wedi ei daro, ac o'dd popeth yn fflat. Fe gymerodd hi sbel i gael yr anifeiliaid i neud y tricia eto achos eu bod nhw wedi cael shwt ofan. Wna i fyth anghofio hynny.

Felly, mynd 'nôl a mlaen rhwng Fort Lauderdale ac ynysoedd y Caribî o'n ni, ac o'dd hyn yn gyfle gwych i fi weld ychydig o'r byd. Yn Curaçao o'n ni amser Nadolig a'r haul yn gwenu'n braf arnon ni. Wy'n cofio Liz yn gweud ei bod hi'n gweld isha eira a finna'n ffilu'n deg â deall pam. Pam ddiawl o'dd hi'n moyn eira pan o'dd yr haul yn disgleirio? Ambell waith, o'dd yr ynys yn ddigon mawr inni allu mynd reit mewn i'r porthladd ond dro arall bydde'n rhaid i'r llong angori mas yn y môr a bydden ni'n mynd mewn ar gychod.

Americanwyr o'dd bron pawb o'r teithwyr a weithia un neu ddou Sais. Ac wy'n cofio pan o'dd y llong wedi'i hangori mas yn y môr shwt o'dd y bobl leol yn arfer dod mas i gwrdd â ni yn eu bada bach nhw, a rheina'n llawn plant a rhai ohonyn nhw mor fach ... wel, babis o'n nhw mewn gwirionedd. O'n ni lan mor uchel yn y llong yn dishgwl lawr arnyn nhw a bydde'r Americanwyr yn twlu arian atyn nhw ac yn sydyn bydde'r plant a'r babis yn neidio i'r dŵr i fynd i whilo am yr arian a dod â fe 'nôl at eu rhieni yn y bad. O'dd e'n anhygoel. O'n nhw'n bargeinio gyda ni wedyn ac os o'ch chi'n rhoi pâr o sgidia iddyn nhw, neu sebon, o'n nhw'n rhoi cerfiada pren i chi. Dod mas am yr arian o'n nhw ac ambell waith o'n nhw'n ffraeo ymysg ei gilydd. Wy'n cofio'r heddlu'n cyrraedd un tro er mwyn cadw trefen.

O'dd bywyd ar fwrdd y llong yn braf iawn. O'n i'n ennill cyflog da ac o'dd yr arian hwnnw'n mynd yn syth i 'manc i. O'dd dim isha i fi hala ar ddim byd os nad o'n i'n moyn. O'dd y bwyd i gyd am ddim, a'r bwyd hwnnw o'r safon ucha. O'dd e'n gallu bod yn rhy dda, os rhwbath, ac ambell waith bydden i a Liz yn slipo lawr i'r gegin i ofyn am gaws ar dost neu fwyd plaen fel 'na. O'dd hi'n hawdd cael llond bola ar y stêcs mawr a'r bwyd *à la carte*. A finna'n aelod o'r staff, o'n i'n byta'r un peth â'r teithwyr.

Wy'n cofio'r llong yn doco yn Kingston un tro, ac o'dd y boi 'ma, Tony, o'dd yn rhannu caban gyda John, sef 'yn ffrind newydd i â'r llygaid pert, yn dathlu ei ben-blwydd tra o'n ni yno. Yn sydyn, dyma fe Tony'n cyhoeddi dros bob man ei fod e'n mynd i gael cinio yn yr Hilton i ddathlu, a

bod croeso i griw bach ohonon ni fynd gyda fe – fi a Liz,
fe, cwpwl o fois hoyw – ac o'dd John yn mynd i ymuno â
ni ar ôl cwpla gwaith os o'dd amser. Ond yn gynta, medde
Tony, o'dd e'n gorffod galw yn y farchnad ar y ffordd. Ta
beth, bant â ni, a phan gyrhaeddon ni'r farchnad aethon ni
i sefyll ar bwys y caffi 'ma lle o'dd band yn whare a dyn lleol
yn canu. Wel, yn hollol ddirybudd, dyma Tony yn dechra
mynd i hwyl, achos ei fod e'n dathlu ei ben-blwydd siŵr o
fod, a wedodd e wrtha i: 'The King must be amused. Get up
there and sing with my favourite singer!' Hwpodd e fi lan
ar y llwyfan i sefyll wrth ochr y boi arall 'ma, a hwnnw'n
drewi, ac o'dd dim clem gyda fi beth i ganu. Dewison ni
'Will You Still Love Me Tomorrow', a finna'n canu harmoni
yn null *reggae*. Aeth hi'n dda, a phawb yn clapo, ac erbyn
i fi ddod lawr o'r llwyfan, o'dd bwyd wedi cael ei roi mas i
ni. O'n i ddim yn gwbod beth i neud nawr, achos cofias i
rybudd John i fi beidio byth â byta dim byd yn y farchnad.
O'r mawredd! O'n nhw wedi mynd ati i serfo'r *prawn
curry* 'ma, ac o'dd e King Tony wedi dechra meddwi ac yn
mynnu'n bod ni'n byta'r cyrri, a dyna a fu. A phan etho i
'nôl i'r llong gofynnodd John i fi shwt o'dd y bwyd yn yr
Hilton. Yr Hilton, myn yffarn i! Pan egluras i bod ni wedi
byta yn y farchnad, o'dd e'n ffilu credu'r peth.

Erbyn i fi ddod 'nôl o'r *cruise* nesa, o'dd y farchnad wedi
symud o'i hen safle i adeilad newydd sbon. Un diwrnod,
cerddas i mewn trwy'r drysa neis i weld y lle newydd 'ma,
ac ar bwys y drysa o'dd stondin fawr yn llawn bagia, a fel
o'n i'n mynd heibio dyma'r fenyw o'dd yn cadw'r stondin yn

galw arna i. O'dd hi'n moyn i fi ddod draw ati i brynu bag
neu ddou. Cadwas i fynd yn syth ymlaen ond cododd hi ar
ei thraed a chodi ei llais dros bob man: 'You singer on ship,'
meddai. 'You come and buy off me!' O'dd hi'n 'y nghofio i'n
canu gyda'r boi ar y llwyfan yn yr hen farchnad ar ddiwrnod
pen-blwydd Tony, a nawr o'dd hi'n mynnu bo fi'n prynu
rhwbath ganddi. Ceso i lond twll o ofan, felly prynas i lwyth
o stwff gyda hi ac mae un bag gyda fi o hyd.

Dro arall wedyn, wy'n cofio mynd gyda John i'r Virgin
Islands. Nawr, ta le o'dd John yn mynd o'dd e wastad yn
tipo pobl. O'dd e'n garedig iawn fel 'na. A'r tro 'ma, sef y tro
ola i ni fynd yno, aethon ni i'r bar 'ma ac ishta acha bobo
stôl ac ordro *rum punch*. Wel, dim ond dwy geso i cyn
cwmpo off y stôl! O'n i'n feddw dwll. Ych a fi! O'dd shwt
gywilydd arna i. O'n i na John yn ffilu'n deg â deall pam bod
y ddiod wedi mynd i 'mhen i mor glou ar ôl dim ond dwy.
Ond wrth gwrs, beth o'dd y boi y tu ôl i'r bar wedi'i neud
o'dd cofio pa mor dda o'dd John yn tipo o hyd ac o hyd, a'r
unig ffordd o'dd e'n gallu talu 'nôl o'dd trwy neud y diodydd
yn gryfach. O'n i ddim yn gyfarwydd â hyn. Ta beth, dyma
nhw'n mynd â fi lawr at y dŵr i drio'n sobri i, achos o'dd
hi'n dechra mynd yn hwyr erbyn hyn, ac o'n ni'n gorffod
mynd 'nôl i'r llong. A dyma nhw'n hwpo fi mewn i'r tacsi a'r
gyrrwr yn 'y nhynnu i mas yr ochr arall achos bod tywod
drosta i gyd. O'dd e ddim yn fo'lon i fi drafaelu yn ei dacsi
rhag ofan y bydden i'n trochi popeth. O'n nhw'n pyslan
nawr shwt yn y byd o'n nhw'n mynd i lwyddo i fynd â fi at y
llong. Yr eiliad nesa, gwelon nhw'r trỳc agored 'ma'n mynd

heibio. Stopon nhw hwnna, rhoi rhwbath i'r gyrrwr am ei drafferth, ac etho i a John a nhw gyda'n gilydd yn y lorri fach 'ma bob cam o'r ffordd at y llong. A phan gyrhaeddon ni, o'dd y swyddog 'ma – y *gang master* – yn sefyll ar y ramp yn aros i'r teithwyr eraill ddod 'nôl ar y llong. Fydden i byth wedi llwyddo i fynd heibio iddo heb golli'n job achos bod shwt olwg arna i. Felly yr unig ddewis o'dd ar ôl o'dd trio smyglo fi lan ramp bach y criw ymhellach i lawr heb i neb 'y ngweld i! Dodon nhw fi yn y gwely a wnes i ddim dihuno tan y diwrnod ar ôl 'ny. A hynny i gyd achos dwy *rum punch* a dylanwad John!

Daeth hi'n amlwg bod John a fi'n tyfu'n fwyfwy agos, ond nage fe o'dd yr unig un i ddangos diddordeb yno' i. Fel 'wy wedi sôn yn barod, un o'r bois o'dd yn arfer gweithio yn Ocean World o'dd Dudley – neu Cuddly Dudley fel o'dd John yn arfer ei alw fe – a dechreuon ni fynd mas gyda'n gilydd. O'dd John ddim yn fo'lon ar hyn o gwbwl. Y peth yw, o'dd e'n briod ac o'n i'n sengl, felly o'dd mwy o ryddid gyda fi i neud fel o'n i'n moyn. Wy'n cofio un noson, o'n i wedi bod mas gyda Dudley a chlywas i wedyn ei fod e John wedi bod yn cerdded lan a lawr y llong yn whilo amdana i.

Wel, John enillodd y frwydr a daethon ni'n agos iawn. Pan aethon ni lawr ar y *cruise* hir i Venezuela tua diwedd 'y nghyfnod ar y llong, wy'n cofio ni'n dou'n mynd mas un diwrnod i weld y lle. Aethon ni lan yn y *chair-lifts* i ben rhyw fynydd, ac ar y top o'dd adeilad o'dd yn dishgwl fel caffi bach. Mewn â ni, ond dyna i gyd o'dd yn yr adeilad o'dd cownter a dyn yn gwerthu aur. Cnapa o aur o'n nhw,

heb unrhyw sglein arnyn nhw. Brynas i gyfflincs iddo fe
a bobo fodrwy i ni. O'dd un John yn ffito'n berffaith, ond
o'dd yr un o'dd gyda fi'n rhy fawr. Pan wedas i hyn wrth y
dyn bach, aeth e mas i'r cefen, a munuda'n ddiweddarach
daeth e 'nôl ac o'dd y fodrwy'n ffito. Mas â fe i'r cefen eto, a
phan ddaeth e 'nôl, o'dd y ddwy fodrwy'n sgleinio fel aur,
nage fel o'n nhw o'r blaen, yn farwaidd ac yn bŵl i gyd. O'dd
e'n anhygoel beth o'dd e'n gallu neud mewn lle mor fach ac
mor dwt – ac ar ben mynydd! O'dd dim byd yn ormod o
drafferth iddo fe.

Ricard

O'dd beth brynas inna'n normal ac yn gall. Bydde'n rhesymol i unrhyw dwrist neud beth netho i, ond o'dd raid i John fynd gam ymhellach. Nage modrwy aur aeth â'i fryd e, ond parot! Do, fe brynodd e barot a'i enwi'n Ricard. Pam yn y byd mawr o'dd e'n moyn parot 'wy wir ddim yn gwbod, ond pan aethon ni 'nôl ar y llong daeth Ricard gyda ni a man 'na buodd e'n byw yn ei gartre newydd gyda John.

Allen i ddim honni bod y berthynas rhynt y ddou ohonyn nhw'n un hapus. Wy'n cofio mynd lawr i'w gaban un noson – o'n ni ddim i fod i fynd i gaban neb, ond o'dd John yn mynnu bo fi'n mynd i'w weld e, o'dd e'n daer. Felly lawr â fi, cnoco ar y drws, ac ar ôl mynd i mewn, dyna le o'dd y deryn 'ma'n hedfan rownd a rownd y stafell fel rhwbath gwyllt. Caets bach o'dd gyda fe bryd 'ny, a dyna pam o'dd e mas. Erbyn y diwedd, prynodd John gaets mawr aur iddo fe – gostodd e ffortiwn. Ta beth, pan gyrhaeddas i, o'dd Ricard yn hedfan rownd y caban a John yn conan ei fod e'n ffilu neud dim byd â fe, a'i fod e'n ei gnoi e drwy'r amser. Wel, syrfo fe reit! Ei fai e o'dd e am brynu parot yn y lle cynta. Eto, bob tro o'n inna'n mynd lawr i'r caban o'n i'n gallu neud beth bynnag o'n i'n moyn gyda Ricard, ond unwaith o'dd John yn dod yn agos bydde fe'n troi'n gas ac yn trio'i gnoi e.

Ta beth, erbyn i'r amser ddod i fi adael y llong a mynd sha
thre, gofynnodd John i fi fynd â Ricard gyda fi. Shwt ddiawl
allen i fynd â fe gyda fi? Wedi'r cwbwl, o'n i'n mynd 'nôl i fyw
gydag Anti Kate a'i gŵr yn Llunden.

'I'll get a taxi to take the both of you back to London,'
medde fe, yn llawn gobaith. Tacsi bob cam o Southampton,
cofiwch! Nage dyna'r pwynt. Beth o'n i'n mynd i neud â
deryn ecsotig fel Ricard? A shwt o'dd John yn mynd i ddod â
fe off y llong? Bydde'n rhaid dod heibio dynon y tolla a chael
yr holl waith papur wedi'i arwyddo, a fel hyn a fel arall. Wel,
i dorri stori hir yn fyr, fe gas Ricard rwydd hynt i ddod oddi
ar y *Carmania* er mwyn dechra ar ei fywyd newydd.

O'dd John, fel fi, wedi cwpla yn y Caribî am y gaea, felly
o'dd e gyda fi pan ddocon ni yn Southampton. O'dd e'n
mynd i fynd mlaen wedyn i weithio yn y Med dros fisoedd
yr haf. Felly, ffarwelion ni â'n gilydd am y tro ac etho i i
ishta yng nghefen y tacsi gyda 'nghesys tra bo Macnabs – fe,
Ricard – yn ishta yn ei gaets yn y sedd ffrynt, a fel 'na aethon
ni lan o Southampton bob cam i Putney! Erbyn bo fi'n
cyrraedd tŷ Anti Kate, dyma fi'n agor drws y tacsi a chydio
yn y caets ac ymateb cynta fy modryb o'dd: 'Beth yffarn
sy gyta ti man 'na?' 'Co ni off, o'n i'n meddwl. Ond erbyn y
diwedd, o'dd hi wedi dod i ddwlu ar Ricard. Amser o'n i'n
mynd bant i weithio, hi o'dd yn dishgwl ar ei ôl e ac o'dd
hi'n arfer ei strywo fe. Ond wrth gwrs, o'dd e Ricard yn gallu
agor drws y caets ar ei ben ei hunan, a bydde fe'n dod mas
ac Anti Kate yn dodi cadair yn barod iddo fe a phapur dros
y llawr. A dyna fywyd o'dd 'dag e – o'dd e'n byw fel brenin,

achos o'dd Anti Kate yn arfer rhoi pob math o faldod iddo fe
– pys a ffa. O, o'dd e'n dwlu ar y pys ac os na fydde hi'n rhoi
peth iddo fe, bydde fe'n eu twgyd nhw! A bydde fe'n cydio
mewn pysen ac yn tynnu'r croen bant, twlu'r croen ac yn
byta beth o'dd ar ôl. O'dd e'n anhygoel ei weld e wrthi.

A dyna i chi dderyn pert. Bois bach, o'dd e'n hardd.
'Wy wedi gweld sawl Amazon Green ers Ricard ac o'n nhw
ddim yn yr un cae ag e o ran eu golwg. O'dd hwn yn wyrdd,
wyrdd, wyrdd, ac o'dd tamed bach o goch arno fe ac o'dd ei
gwt e'n lliwia trawiadol i gyd – melyn, coch, gwyn, tamed
bach o oren. Ond, damo, does gyda fi ddim un llun ohono
fe. Wy'n cofio dod 'nôl i dŷ Anti Kate un tro ar ôl bod bant
drwy'r wythnos ac o'dd Ricard yn anarferol o dawel am ryw
reswm, a'i ben yn ei blu.

'Beth sy'n bod ar hwn? Otyw e'n dost?' gofynnas i. Ond
o'dd neb yn fo'lon gweud dim. Yn y diwedd, dechreuodd
Anti Kate wherthin achos o'dd dim cwt gyda fe.

'Beth sy wedi dicwdd i'w gwt e?' gofynnas i. Ac o'dd
rhaid iddi weud yr hanes wedyn. O'dd hi wedi trio'i
berswado fe i fynd 'nôl mewn i'r caets achos bod Wncwl
Dave yn dod sha thre o'r gwaith. Cydiodd hi ynddo fe
wrth iddo fe hedfan i'r cyfeiriad arall, ac wrth iddo neud,
arhosodd ei gwt yn ei llaw hi! Fe gollodd ei gwt, druan. Fe
dyfodd hi 'nôl, ond gan bwyll bach, bach, ac o'dd hi byth yr
un peth ag o'r blaen, ond erbyn i fi ddod â fe 'nôl i Gymru,
o'dd ei gwt yn weddol deidi eto, er nag o'dd hi ddim mor
bert.

Does unman yn debyg i Gymru

Tua'r adeg yma, ceso i gytundeb i fynd mas i weithio yn Mombasa, Cenia. O'n i fod i fynd i ganu yn y *cabaret* mewn gwesty o'r enw White Hunter's Lodge, ond erbyn hyn o'dd John ar fin dod 'nôl i Southampton ar ôl bod yn gweithio yn y Med, ac o'n i'n moyn bod yno i gwrdd â fe. Ar yr un pryd, o'dd ynta'n trio cael *leave* o'r llong i hedfan mas i Mombasa i fod gyda fi, ond am nad o'dd e wedi sôn wrtha i am hyn, o'dd tamed bach o ddryswch, a ddigwyddodd e ddim – etho i ddim i Mombasa a hedfanodd John ddim mas i fod gyda fi!

Wythnosa cyn bo fi i fod i fynd i Affrica, penderfynas i fynd 'nôl i Gwm Tawe i weld Mam a Dad, a thra bo fi gatre etho i lawr i'r Showboat yn y Mwmbwls lle o'dd Ron Williams a Bobby Wayne yn gweithio. O'n i heb eu gweld nhw ers sbel. Yno hefyd o'dd merch o'r enw Rita Marvin a merch o'r enw Sherene Davis, oedd wedi newid ei henw o Gaynor Hopkins, ac sy'n fwy adnabydus fel Bonnie Tyler bellach. A wedodd Ron Williams ei fod e'n awyddus i fi ddod i weithio gyda fe eto. O'dd gyda fe'r grŵp gwych 'ma, medde fe, ac o'dd e'n moyn eu cyflwyno nhw i fyd *cabaret*. Bydde fe'n talu hyn a hyn o bunna i fi, ond cheso i erioed 'hyn a hyn

o bunna' gyda fe. Eto i gyd, o'dd e wedi plannu'r awydd yn'o
i, o'dd y demtasiwn yn enfawr ac, yn y diwedd, ffonas i Julie
Grayson i weud bo fi ddim yn mynd i fynd mas i Mombasa
ac y bydde'n rhaid iddi ffindo rhywun arall yn 'yn lle i.
Wedas i bo fi'n bwriadu aros yng Nghymru. Etho i 'nôl lan i
Loegr am gwpwl o wythnosa er mwyn anrhydeddu'r sesiyna
o'dd gyda fi'n weddill ac, ar ôl cwpla hynny, symudas i fyw
gyda Mam a Dad ym Mhlas-y-coed unwaith eto. Felly, ar
ôl pum mlynedd o ganu rownd clybia Lloegr a gweld y byd,
yn un ar ucen oed, dechreuas i weithio yn y Showboat yn y
Mwmbwls gyda Bobby Wayne & The Dixies.

Yn fan 'na o'n i'n gweithio'n benna, ond bob nos
Fercher, o'n i'n arfer mynd 'nôl i Scott's yn Llanelli. Yn
ystod y cyfnod hwn daeth Liz, o'dd gyda fi ar y bad, i
weithio yn Abertawe hefyd, ac wy'n cofio un stori ddoniol
ddigwyddodd. Nawr, o'dd llais dwfwn, dwfwn gyda Liz ac
o'dd Bobby Wayne yn gallu canu'n uchel yn ei lais *falsetto*.
Un noson, daeth y boi o'dd yn gwarchod y drws lan at y
llwyfan a wedodd e wrth Bobby: 'Eh Bobby, I think God put
the balls on the wrong one!' Wherthin!

O'dd Bobby Wayne & The Dixies yn eitha llwyddiannus,
a wnaethon ni dipyn o arian i Ron Williams, o'dd yn ein
rheoli ni. O'dd John yn y cyfamser yn dal i weithio ar y
bad. O'dd e'n dal yn briod bryd hynny, ond o'dd petha
ddim wedi bod yn iawn rhynto fe a'i wraig ers sbel, ac
o'n nhw ar fin cael ysgariad. Ta beth, tra bo fi'n gweithio
'nôl yng Nghymru, o'dd John yn hwylio rhynt y Caribî a'r
Med gyda'i waith ynta, ond bob tro bydde fe'n dod 'nôl i

Southampton bydden i'n mynd lawr i gwrdd â fe off y bad
– cwpla gwaith yn y Showboat a drifo lawr yng nghanol y
nos weithia. Bydden ni'n aros gyda'i fam, o'dd yn byw yn
yr ardal. O'n i'n dod mlaen yn dda gyda'i deulu. O'dd John
o dras Wyddelig (gas e 'i eni yn Sligo), fel y rhan fwya o'i
deulu, gan gynnwys ei fam, ac o'dd acen Wyddelig gryf 'da
hi tan y diwedd, ond acen Hampshire o'dd gan ei mab yn
fwy na dim, achos symudon nhw i Loegr i fyw pan o'dd e'n
ifanc.

Aeth y trefniant hwn mlaen am ddwy flynedd cyn inni
briodi ym mis Mai 1972. O'n ni wedi trefnu i briodi lan yn
y Trallwng lle o'dd chwaer 'yn fam yn byw. Gyda hi yn fan
'na o'n ni wedi ordro'r deisen a phopeth – jest priodas fach
dawel bant o bobman. Ond wrth gwrs, o'dd Mam yn ypset
bod ni'n mynd bant achos taw fi o'dd yr unig blentyn, ac yn
y diwedd, sefon ni lawr yn y de a chael y wledd briodas yn
y Copper Beech yn Aber-craf, jest lan yr hewl o le o'n ni'n
byw a lle wy'n dal i fyw. Dim ond lle i chwe deg dou o'dd
yno ac wy'n credu bod ni wedi digio nifer, ond fel 'na mae.
O'dd llawer o ffrindia John yn ffilu dod achos bod nhw'n
gweithio ar y QE2 a llonga eraill, ond fe gas rhai o'i ffrindia
newydd yng Nghymru wahoddiad. Er gwaetha popeth,
ceson ni ddiwrnod ffantastig. Daeth Ron Williams a'r grŵp
ynghyd ac o'dd un neu ddou wedi cael gormod i yfed. O'dd
Bobby Wayne byth yn yfed, ond o'dd e wedi cael cwpwl y
diwrnod 'ny, ac wy'n ei gofio fe'n drifo lan i'w dŷ ym mhen
ucha Cwmgïedd, a finna wrth ei ochor yn 'yn ffrog briodas,
er mwyn dangos i'w fam, o'dd yn dost ac yn ffilu dod.

Wrth gwrs, o'dd dim shwt beth â rheola yfed a gyrru bryd hynny, a dyna le o'n i'n gweiddi: 'Cer i'r whith, ti ar ganol yr hewl! Ti'n crwydro, achan!'

Ar ôl inni fynd 'nôl i'r Copper Beech, aeth y parti yn ei flaen, ac ymhen cwpwl o oria dyma Ron Williams yn cyhoeddi bod y grŵp yn gorffod gadael i fynd i weithio'r noson honno. Ac o'dd e'n erfyn i fi weithio hefyd, ond gwrthodas i. O'n i ddim yn mynd i weithio ar noson 'y mhriodas! Ceson nhw yffarn o noson wael, mae'n debyg, achos bod nhw wedi yfed shwt gymaint, a Peter James, y drwmwr, yn dost a phopeth. Ta beth, ar y bore dydd Llun, ffonodd Ron fi i weud nad o'dd e'n cyflogi menywod priod – nag o'dd e'n moyn menywod priod yn y grŵp achos bod eu gwŷr fel arfer yn busnesa ac yn hwpo'u pig i mewn! O'n i'n ffilu credu'r peth.

Wel, chwalodd y grŵp fwy neu lai'n syth wedyn, reit lawr y canol. Arhosodd Bobby, Rita a finna gyda'n gilydd ac aeth Sherene gyda Ron a Peter, ond sa i'n credu iddyn nhw weithio rhyw lawer fel grŵp, os o gwbwl, cyn i Sherene dorri drwodd a dod yn enw mawr iawn, sef Bonnie Tyler, wrth gwrs. Felly, o'dd y tri ohonon ni'n gorffod ailfeddwl nawr beth o'n ni'n mynd i neud. Yna daeth boi o'r enw Dai Gwilym – neu Dave Devereaux – o'r Coelbren aton ni. Gitarydd o'dd e, ond dysgodd Bobby fe shwt i whare'r organ o'r glust. Yn fuan ar ôl hynny, daeth drwmwr o'r enw Esmund Caroll aton ni (dim perthynas!) a throdd Bobby Wayne & The Dixies yn Bobby Wayne & The Ritones dros nos.

Ond, wrth gwrs, o'dd dim offer gyda ni. Cadwodd Ron
Williams bopeth, bron, hyd yn oed y stwff o'n ni wedi bod
yn talu amdano, felly o'dd raid inni ddechra o'r dechra.
John brynodd yr offer newydd i ni (gan gynnwys organ a
dillad), fe gas e lunia wedi'u tynnu – ta beth o'n ni'n moyn.

O'dd John yn dal i weithio ar y bad o bryd i'w gilydd,
ond ddim ar y *Carmania* – fe gas y *Carmania* a'r *Franconia*
eu gwerthu i'r Rwsiaid. Aeth y rhan fwya o'r bechgyn o'dd
wedi bod gyda fe ar y *Carmania* i weithio ar y *QE2* newydd,
a wedodd John nad o'dd e wir yn moyn mynd ar honna, ond
mynd wnaeth e. Ni'n dou adeiladodd y tŷ lle wy'n dal i fyw
ac o'n ni'n trio prynu'r *freehold* arno fe. Felly, penderfynodd
e y bydde fe'n cario mlaen i weithio ar y llong am sbel er
mwyn dodi'r arian hwnnw heibio ac, ar ôl safio digon,
bydde fe'n cwpla.

I fynd 'nôl at y Ritones – fe wnaethon ni'n dda fel grŵp.
Yn ystod y cyfnod yma, o'dd John mewn cysylltiad ag asiant
ym Mryste, a chynigiodd hwnnw job whech mis yn Jersey
i ni, yn y gwesty gora ar yr ynys, a hynny heb *audition*
na dim. Ac o'dd John yn gyffro i gyd, ond bob yn dipyn,
dyma'r lleill yn dechra tynnu 'nôl. O'dd Esmund yn ffilu
mynd achos bod jobyn arall gyda fe yn ystod y dydd, ac o'dd
Bobby'n ffilu mynd a gadael ei fam, a fel hyn a fel arall. Wel,
dechreuodd John ofyn: 'Beth yw'r pwynt?' Pam symud tir
a môr i drio cael gwaith i ni os nad o'dd y lleill yn fo'lon ei
dderbyn e yn y diwedd?

Ond fe geson ni ragor o waith. Y flwyddyn honno – 1973
– aethon ni ar *Disg a Dawn*. O'n i'n feichiog gyda Sean, y

mab cynta, ar y pryd ac wy'n cofio John yn gweud: 'Don't tell them you're pregnant now that we've got the telly work. Try and go a bit longer without anyone else knowing.' O'n i ddim yn teimlo'n hwylus o gwbwl, achos o'n ni wedi bod yn y BBC drwy'r dydd, ac yna wedi mynd mlaen i weithio mewn clwb yn rhywle arall y nosweth 'ny. Ac wy'n cofio dihuno cwpwl o nosweithi ar ôl hynny a finna wedi breuddwydio bo fi wedi gweud wrth Rita ar y llwyfan bo fi'n erfyn babi. Ta beth, y noson honno o'n ni'n canu yn y Pill Labour Club yng Nghasnewydd, ac o'n i ar y llwyfan gyda John yn ffidlan i osod rhyw ddarn o offer lan cyn ein slot, a dyma Rita'n dod ata i a gweud ei bod hi wedi cael y freuddwyd ryfedda'r noson cynt lle o'n i wedi sôn wrthi bo fi'n feichiog! Wel, os do fe, o'n i jest â chwmpo drwy'r llawr yn y fan a'r lle. Aeth rhwbath drwydda i. O'dd raid i fi gyfadde iddi wedyn, ond carias i mlaen i weithio am sbel eto.

Dododd John ni mlaen hefyd i fynd ar *Opportunity Knocks*, a phwy o'dd yno'r diwrnod aethon ni lan i'r stiwdio ond Elton John. O'dd e'n dechra torri drwodd bryd hynny. Ta beth, cynigion nhw *Opportunity Knocks* i ni ond o'n nhw ddim yn moyn cerddorion y grŵp, dim ond y tri o'dd yn canu, ac meddai Bobby: 'Allwn ni byth â neud 'na iddyn nhw. Allwn ni ddim.' Felly, aethon ni ddim ar y siew ac yn fuan wedyn chwalodd y grŵp. Fe gas Bobby fenthyg peth o'r offer er mwyn mynd i weithio yng nghlwb Ystradgynlais ac etho i wrth 'yn hunan unwaith eto.

Tua whech mis ar ôl geni Sean, o'n i'n ffilu ishta'n llonydd rhagor yn y tŷ, ac ymunas i â band Jack Lovely yng ngwesty'r

Dragon yn Abertawe. Ni o'dd y *residency*. Yn ystod yr amser buas i'n gweithio gyda'r band, etho i'n feichiog eto, ond collas i'r babi bach 'na. Ddim sbel ar ôl hynny, ffindas i mas bo fi'n erfyn Brenden a gweithias i lan nes ei fod e'n cael ei eni. Etho i ddim 'nôl i'r Dragon am ryw whech mis ar ôl yr enedigaeth. Mae dwy flynedd rhynt y ddou fab, a dyna pryd wedas i wrth John ei bod hi'n bryd iddo fynd am y *snip*! O'dd e wedi dechra gweithio mewn ffatri groes yr hewl i le o'n ni'n byw yn Aber-craf ond, yn sydyn reit, dyma fe'n cael cynnig i fynd 'nôl ar y môr. O'dd rhyw foi wedi prynu bad ac o'dd e'n whilo am bobl brofiadol i ddod i weithio gyda fe ar ryw *floating casino* yn Dubai. Gas John a chriw o rai eraill eu dewis yn benodol, a bydde fe wedi ennill digon o arian i gadw'i hunan am byth tase fe wedi mynd, ond ar ôl addo iddo fe'n wreiddiol na fydde dishgwl iddo weithio bant am fwy na whech mis, dyma nhw'n gweud yn y diwedd taw cytundeb blwyddyn fydde fe, a gwrthododd John fynd. Y peth yw, newydd gael Brenden o'n ni ac, erbyn meddwl, wy'n credu taw rhan arall o'r rheswm am ei amharodrwydd i fynd o'dd ei fod e'n cofio bod bant am gyfnoda hir pan o'dd ei blant o'i briodas gynta'n tyfu lan, ac o'dd e ddim yn moyn mynd trwy'r un profiad eto. Felly arhosodd e yn y ffatri. O'dd e erioed wedi gweithio mewn ffatri o'r blaen, a phan gollodd ei waith yn fan 'na, aeth i weithio yn rhywle arall. Ond gas e ddermatitis ar ei ddwylo a dechreuodd e gael tostrwydd arall, *ulcerative colitis*, felly fi yn benna o'dd yn mynd mas i weithio wedyn a John o'dd yn neud popeth gatre.

Fe o'dd 'y nghraig. Fe yn fwy na neb o'dd yn cadw'r tŷ i fynd ac yn dishgwl ar ôl y plant ar ôl i fi fynd 'nôl i'r Dragon, ond bydde fe wastad yn dod gyda fi os bydden i'n cael gwaith *cabaret* neu gig yn rhywle arall. Un o'r petha wy'n eu cofio fwya am y cyfnod hwnnw o'dd y noson y daeth Ryan Davies i neud sbotyn yn y Dragon. O'dd e bownd o fod jest cyn i fi gwpla yno yn 1976, a wna i byth anghofio'i liw e – o'dd e'n edrych yn dost a'i groen e'n felyn. Flwyddyn yn ddiweddarach o'dd e wedi marw. Dyna beth *o'dd* colled enfawr.

Help wrth gefen

Yn ogystal â bod yn gefen i fi yn y tŷ a gyda'r plant, John o'dd 'yn rheolwr i hefyd erbyn hyn. Fe o'dd yr un gas y syniad o neud *backing tracks* i fi. O'n i'n arfer defnyddio rheina ar ddiwedd y saithdega cyn bod neb arall yn neud. Pan ddechreuas i ganu rownd y clybia ar ben 'yn hunan ar ôl i'r Ritones gwpla, o'dd y miwsig o'dd gyda fi'n rhy gymhleth i rai o'r cerddorion. O'dd llawer ohonyn nhw'n gallu whare'n wych o'r glust ond o'dd gyda fi *trio parts* a fel hyn a fel arall, a nage pawb o'dd yn gallu darllen y darna'n ddigon da. Buas i'n ystyried newid y gerddoriaeth er mwyn trio neud petha'n haws iddyn nhw, ond cyn i fi fynd mor bell â 'na, dihunodd John un noson a gweud: 'What about the idea of backing tracks – you know, having your own music behind you?' Ac ar hyd y llwybr hwnnw aethon ni.

Bobby Wayne wnaeth y rhai cynta i ni, ond o'dd e ddim yn ffyddiog y bydden nhw'n gweithio. Tase fe ond wedi dod mewn gyda ni i neud e'n iawn 'sen ni wedi ennill ffortiwn, achos o'n i'n arfer talu £45 y trac i stiwdio yng Ngilfach Goch. Cofiwch, ceso i lot o drafferth mewn ambell le, hyd yn oed gyda'r gynulleidfa i ddechra – o'n nhw ddim yn hapus o gwbwl bo fi'n dod â'r hen beiriant *reel to reel* gyda fi, ac o'dd rhai'n pallu credu bo fi'n canu'n fyw. Wnes i erioed weud wrthyn nhw bo fi ddim yn moyn cerddorion i gyfeilio

Llun cyhoeddusrwydd o'r cyfnod gafodd 'yn record gynta ei rhyddhau

A dyma hi – fy sengl gynta

Cyfnod *cabaret* – fi gyda Freddie Garrity a Bernie Dwyer o Freddie and the Dreamers

Mat cwrw cyhoeddusrwydd o'r cyfnod cynnar

Gyda Pete Ferwick, drymiwr fy mand yn y clwb yn Bradford

Yr anfarwol Donald Peers – o'n i'n dwlu arno fe

Maxine Marquis – hi achubodd 'y nghroen i ar y noson gynta yn Frankfurt

Y gwesty buas i'n gweithio
ynddo yn Ne Affrica

Caricature ohona i gan artist yn y gwesty

Llun cyhoeddusrwydd o'r un cyfnod

Y *Carmania* – dechreuas i weithio arni yn 1969, ac ar ei bwrdd hi gwrddas i â John

Modelu hetia gan Olga, o'dd yn ddawnswraig ar y llong hefyd

Fy mhen-blwydd yn 21 oed gyda John, rhai misoedd ar ôl i ni gwrdd

Ar fwrdd y *Carmania* – George o'r Bala, John, 'Mother', o'dd yn ffysan droston ni i gyd a Tony Wilson, 'The King'

Bobby Wayne & the Dixies (ar y chwith o'r top) Bobby Wayne, Rita Marvin a Peter James (drymia); (ar y dde o'r top) fi, Sherene Davies (Bonnie Tyler) a Ron Williams

Cyfnod Bobby Wayne & the Ritones

Priodi John ar 20 Mai 1972

i fi, o na, ond o'n i'n moyn rhoi cyfle i fi fy hun er mwyn cael
y gerddoriaeth iawn. O dipyn i beth, daethon nhw i dderbyn
beth o'n i'n neud ac, erbyn hyn, mae pawb yn defnyddio
tracks – chi'n gallu 'u cael nhw am ddim. 'Sen ni ond wedi
dod â phatent mas arnyn nhw 'sen ni'n gyfoethog iawn
heddi.

Ar un olwg, camsyniad o'dd dod 'nôl i Gymru, yn
enwedig o ran 'y ngyrfa, achos o'dd e'n gam yn ôl i radda.
Eto i gyd, o'n i'n hapus iawn yn neud beth o'n i'n neud. O'dd
gweithio rownd y *social clubs* yn beth newydd i fi, ond setlas
i lawr ac o leia o'dd e'n golygu bo fi'n cael dod sha thre at y
plant ar ddiwedd pob gig. A phan o'dd John yn dod gyda
fi, o'n ni'n talu menyw o'r enw Madge i ddishgwl ar ôl y
bechgyn, ac o'dd hi'n wych – buodd hi gyda ni am flynydda.

Cyfleoedd newydd

D igon tawel a digyffro o'dd y cyfnod yma o ran gwaith, ond bwras i mlaen, yn rhannol achos bod rhaid. O bryd i'w gilydd bydden i'n cael peth gwaith teledu, ac un job geso i o'dd gwaith ar gyfres o'r enw *Cerdd o'r Ceyrydd* ddim sbel ar ôl i S4C gael ei lansio ar ddechra'r 1980au. Cyfres o ganu clasurol ysgafn o'dd hon, lle bydden ni'n mynd rownd cestyll – tri yn y de a thri yn y gogledd. Wayne Warlow, Chris Mercer a Bryn Williams o'dd yn gyfrifol amdani, a buodd Bryn yn canu ar y rhaglen hefyd gyda fi, Heather Jones a Lynda Jenkins. Dyna le cwrddas i â Lynda gynta, ond o'n i ddim yn gwbod ar y pryd y bydden ni'n dwy yn gweithio gyda'n gilydd eto'n nes mlaen. Tua'r cyfnod yma hefyd o'n i wedi dechra cael gwaith eitha cyson fel *extra* ar y gyfres boblogaidd *District Nurse*, a rhyw flwyddyn yn ddiweddarach ar *Robin of Sherwood*.

Yna, yn 1985 daeth tro ar fyd pan etho i am *audition* ym Mryste i fynd ar y *Fame Game*. Sioe dalent o'dd y rhaglen hon, a Tim Brooke-Taylor a Stan Boardman yn ei chyflwyno, a'r enillydd yn cael ei ddewis gan filoedd o deuluoedd yn pleidleisio ar daclau electronig yn eu cartrefi. Ta beth, daeth yr amser i fi fynd ar y llwyfan a chanas i 'She Works Hard for the Money', gwneud *dance routine* a gweud cwpwl o gags. Ond tra bo fi'n mynd trwy 'mhetha, galwon nhw fi oddi ar y llwyfan yn gynnar a cheso i gynnig yn y fan a'r lle gan Johnnie Hamp o deledu Granada. Fe o'dd wedi cynhyrchu'r gyfres *The Comedians*. Cynigiodd e le i fi ar y *Fame Game* fel *stand-up comedienne*. Wel, o'n i'n ffilu'n deg â deall pam, achos er bo fi'n arfer gweud ambell jôc ar y llwyfan wrth fynd rownd y clybia, nage fel *comedienne* o'n i'n mynd mas – cantores o'n i. Ond o'dd e'n daer a wedodd e os o'n i'n moyn cael 'yn ystyried fel cantores, bydde'n rhaid i fi aros nes ei fod e wedi gweld yr holl rai eraill o'dd yn canu – ac o'dd nifer fawr ohonyn nhw – ond os o'n i'n barod i fentro fel *comedienne*, gallen i fynd amdani'n syth. O'dd e yno i fi acha plât. Felly dyna netho i.

Etho i drwodd i'r ffeinal, ac o'dd hi'n fyw, ac yn y siew ola, daeth y *comedienne* Caroline Aherne mlaen wedi'i gwisgo fel lleian, ond gas hi ei thynnu off ar ôl cwpwl o eiliada. Wnes i ddim ennill y ffeinal ond, o ddishgwl 'nôl, wy'n credu taw rhan o'r rheswm am hynny o'dd achos taw menyw o'n i, ac o'dd ofan arnyn nhw ei roi e i fenyw. Nid jest gweud hynny ydw i. Wy'n cofio nhw'n gweud wrtha i bo fi'n gwisgo'n rhy glam ar gyfer slot o'r fath. Ond fe geso i lot o hyder o'r rhaglen honno a cheso i 'nerbyn gan ddynon o'dd wedi bod yn y busnes adloniant ers chwarter canrif. Rhywsut, llwyddas i i ddala 'nhir ac ennill eu parch nhw, ac o'n nhw'n dda iawn i fi. Ta beth, ar ôl y ffeinal dyma nhw'n gweud: 'We've given you the lift up, and now it's up to you what you do with it.'

Ceso i gefnogaeth pob un o'r papura lan ym Manceinion, ond gatre yn Abertawe o'dd bygar-ôl yn yr *Evening Post*.

Ond dim ots, achos hwpas i mlaen 'da'r comedi a newidas i'n act. Yn lle cynnig dou slot o ganu ac egwyl yn y canol, penderfynas i fynd am y slot canol ei hun – un sbotyn a hwnnw'n para awr – gan ganolbwyntio ar y comedi gyda rhywfaint o ganu hefyd. Collas i lot o waith mewn ffordd, achos o'dd y clybia'n moyn i chi neud dou sbotyn, ond o'dd y gwaith geso i'n well ac yn talu'n well.

Ta beth, rhyw bythewnos ar ôl y *Fame Game*, a finna bellach wedi dechra ar 'y ngyrfa newydd sbon fel *comedienne*, daeth 'yn ffrind Lynda Jenkins ata i gyda chynnig arall. O'dd hi wedi bod mas o'r busnes ers blwyddyn neu ddwy, a nawr o'dd hi'n awyddus i ddod 'nôl. A beth o'dd hi'n moyn i fi neud o'dd mynd mewn gyda hi i ganu *backing vocals* ar raglenni pobl fel Doreen Lewis a Tammy Jones, a sioea canu gwlad ac ati. Wel jiawl, bum munud ar ôl i fi ddechra dod yn gyfarwydd â'n ffordd newydd o weithio, dyma'r cynnig diweddara 'ma'n mynd â fi i gyfeiriad hollol wahanol eto!

Derbynias i'r cynnig a llwyddo i gadw busnes y comedi i fynd hefyd, ond ar raddfa dipyn yn llai nag o'n i wedi bwriadu. Ar y pryd, Lynda a fi o'dd yr unig rai o'dd yn neud *backing vocals* yn Gymraeg, a'r siew gynta wnaethon ni o'dd gig canu gwlad yn Pontins Prestatyn, lle o'dd pawb wedi gwisgo lan fel cowbois neu fel Northerners a Southerners neu Indiaid ac yn cymryd y cyfan yn hollol o ddifri. Buon ni yno am wythnos yn baco DC a'r Dudes, a buon ni ar y teledu gyda Doreen Lewis a Tammy Jones ac o'n i'n joio pob eiliad. O'n i wir yn joio canu harmoni ac yn ffilu deall pam nag o'n i wedi neud y math yma o beth o'r blaen. Wel, y peth nesa, trwy hwnna, ceson ni waith ar *Taro Tant* a *Cân i Gymru* ac o'dd Huw Chiswell yn moyn ni ar ei raglen e. Yn fuan ar ôl hynny, daeth galwad i fynd ar raglen Geraint Griffiths, a nage dim ond canu ar y gyfres deledu wnaethon ni gyda Geraint – buon ni'n trafaelu rownd Cymru gyda fe, yn canu'n fyw.

Yn sydyn reit, o'dd bywyd yn fishi iawn, ond o'dd mwy i ddod. Ar ôl bod ar raglenni Huw a Geraint, gofynnodd Caryl Parry Jones i ni fynd ar ei rhaglen hithau, *Caryl*. A dyna i chi gyfnod anhygoel o'dd hwnna – hollol ryfeddol. O'dd e ddim fel gwaith. Fe wnes i wir fwynhau'r amser hwnnw, ac o'dd yr awyrgylch mor braf i weithio ynddo, a shwt bobl broffesiynol. Fe weithion ni'n galed iawn, ond ceson ni lot o sbort hefyd. Wy'n cofio'r diwrnod cynta aethon ni mewn, o'dd Myf, gŵr Caryl, Geraint Griffiths, Lynda a finna'n neud y *backing vocals*. Nawr, o'dd Lynda a fi wastad wedi joio garlleg ac, wrth gwrs, gyda rhwbath fel hyn, o'dd raid i'r pedwar ohonon ni sefyll rownd yr un meic, ac o'n ni'n dwy mor ofnus y bydde'r ddou arall yn cymryd yn ein herbyn achos bod ni'n drewi o arlleg, ond, trwy lwc, o'n nhw'n lico fe hefyd!

Dylai Caryl fod yn un o enwa mawr y byd adloniant, 'sdim ots beth yw'r iaith, achos mae hi mor dalentog. Mae popeth gyda hi – y llais, y gallu i sgrifennu cân mewn eiliad, bron, ac mae hi'n berffeithydd â greddf naturiol ta beth mae'n neud. O'n ni'n arfer gweithio'n galed ar y lleisio yn y stiwdio recordio cyn mynd lan wedyn i stiwdio HTV yng

Nghroes Cwrlwys, lle o'dd y rhaglen yn cael ei chynhyrchu, a bydden ni'n meimo i'r tracs o'n ni wedi'u recordio yn y stiwdio arall, ac o'dd pawb yn cyd-dynnu. Cofiwch, o'dd meimo'n beth newydd i fi. O'n i ddim yn gyfarwydd ag e, ac erioed wedi'i neud e o'r blaen. A whare teg i Caryl, achos rhoiodd hi slot i fi, Lynda a Geraint – un bob wythnos – i ganu unawd ac yna deuawd gyda hi ar y rhaglen. Y peth yw, o'dd hi'n arfer cael gwesteion i mewn yn rheolaidd, ond wrth gwrs o'dd y tri ohonon ni ar y rhaglen yn barod, ac o'n ni'n gallu canu mewn tri gwahanol steil, felly rhoiodd hi'r cyfle yna i ni fod fel rhyw fath o westeion. Fydde hynny byth yn digwydd yn y byd Saesneg. Un tro, canas i 'Arwr', sef fersiwn Gymraeg o gân enwog Bonnie Tyler, 'Holding out for a Hero', a Caryl yn canu'r *backing vocal* i fi! Dyna beth arall fydde byth yn digwydd yn y byd Saesneg. Er taw hi o'dd y seren, o'dd hi ddim yn rhy fawr i neud petha fel 'na. A thrwy ganu'r gân yna, rhoiodd hi'n enw i mlaen i neud rhwbath cwbwl wahanol, ond sonia i fwy am hynny'n nes mlaen. Gwnaethon ni dair cyfres Gymraeg gyda hi, ac un yn Saesneg. O'dd, o'dd e'n gyfnod ffantastig.

Drwy gydol hyn i gyd, o'n i'n dal i gadw'r comedi a'r *cabaret* i fynd pan o'dd cyfle, ond y tu fas i fyd y clybia, o'n i'n neud llawer mwy o waith yn Gymraeg erbyn hyn, a rhywbryd tua diwedd 1986 ceso i waith fel *extra* ar *Pobol y Cwm*. Wrth gwrs, o'n i eisoes wedi neud eitha tipyn o'r math yma o waith ar gyfresi fel *District Nurse* ac yn y blaen. Ta beth, un diwrnod dyma Myfyr Owen, y cynhyrchydd, yn dod ata i a gofyn a licsen i neud *audition* am ran yn y gyfres. Wel, o'n i ddim yn gwbod beth i weud achos 'wy wastad wedi bod â thamed bach o gywilydd o 'Nghymraeg. Sa i'n gwbod pam. Cymraeg naturiol Cwm Tawe sy gyda fi ac 'wy wastad wedi siarad fel wy'n siarad nawr gyda'r teulu a ffrindia, wrth gwrs, ond o'n i ddim yn meddwl bo fi'n siarad yn ddigon da i fynd ar gyfres deledu enwoca Cymru! Ond o'dd Myfyr yn daer, a wedodd e: 'Os na fyddi di'n ddigon da, fe weda i wrthot ti.' Cytunas i fynd, ac o'dd yr *audition* yn stiwdio'r BBC yn Ffordd Alexandra yn Abertawe. O'n i'n llwyddiannus ac fe geso i ran Denise, i weithio gyda Gari Williams a Gareth Lewis yn benna. O'dd *rapport* mawr gyda nhw achos bod y ddou'n ogleddwyr ac o'dd hi'n hawdd dod mlaen gyda nhw. Ta beth, *kissogram* o'n i i fod, ac o'dd gofyn i fi wisgo lan fel lleian. O'dd ymchwil wedi dangos taw dyna o'dd y wisg fwya poblogaidd ar gyfer y math yna o beth, felly jest cyn Dolig 1986, mewn â fi i *Pobol y Cwm* fel lleian! Ond ceso i dipyn o drafferth gan rai o'r actorion eraill, fel Harriet Lewis ac yn enwedig Nesta Harries – o'n nhw'n gryf yn erbyn cael shwt beth ar eu rhaglen nhw, ac o'n nhw fel 'sen nhw'n dodi'r bai arna i. Ond o'dd e'n ddim byd i neud â fi, dim ond acto o'n i. Bydde un yn pocan y tân a'r nall yn fflamo, ond profiad hollol wahanol o'dd gweithio gyda'r anfarwol Rachel Thomas – o'dd hi'n wirioneddol wych gyda fi. Dyna i chi fenyw fonheddig. O'n i'n dwlu arni. Ta beth, buas i ar y rhaglen yn whare rhan Denise y *kissogram* am whech wythnos, a joias i'n fawr iawn.

Ar ôl cwpla ar *Pobol y Cwm*, cadwas i fynd gyda'r comedi a'r clybia, ac etho i 'nôl i neud cyfres arall o *Caryl*, ond tua'r adeg yma ceso i gyfle annisgwyl a chyffrous a gweud y lleia. Daeth galwad i fi fynd am *audition* i whare rhan merch o'r enw Gillian yn y ffilm Gymraeg *Smithfield*. Gillian Elisa o'dd i fod i whare'r rhan, ond o'dd hi ddim ar gael, felly rhoiodd hi'n enw inna mlaen. Wel, o'dd hyn yn beth newydd iawn i fi, ond bant â fi i dŷ'r cyfarwyddwr Paul Turner a cheso i'r rhan.

Ffilm am griw o ffermwyr ifanc o Gymru'n mynd lan i farchnad Smithfield yn Llunden o'dd hon, a chymysgedd o actorion a ffermwyr ifanc go iawn yn cymryd rhan. Comedi o'dd hi, a lot o 'shwt y'ch chi heddi' yn mynd mlaen, ac o'dd eitha tipyn o feddwi ac ymddygiad amheus ynddi. O'dd tamed bach o wrthwynebiad iddi pan ddaeth hi mas gynta yn y Royal Welsh yn Llanelwedd. O'dd rhai'n gweud ei bod hi'n mynd dros ben llestri ac na fydde ffermwyr ifanc byth yn acto fel 'na, ond mi *o'n* nhw, credwch chi fi, achos ffilon ni ffilmo beth o'n ni i fod i ffilmo ar y bws am fod *hangovers* gyda'r ffermwyr ifanc yn y cefen! Fe joion nhw. Ac fe wnaethon nhw whare'r diawl yng ngwesty Churchills yng Nghaerdydd ar y ffordd lan i Lunden, a Churchills yn pallu 'u cael nhw 'nôl yno byth eto. Erbyn i'r ffilm gael ei dangos eto, fe gas hi well derbyniad achos bod pobl wedi dod i'w derbyn hi am beth o'dd hi, sef comedi ysgawn a lot o sbort.

Wel, o'dd hyn i gyd yn gymharol newydd i fi, achos heblaw am gwpwl o wythnosa ar *Pobol y Cwm*, o'n i erioed wedi acto, ond yn sydyn reit, o'dd eitha rhan gyda fi. Ac mae'n rhaid i fi ddiolch i Sue Roderick am ei holl help tra o'n ni'n ffilmo, achos fe ofalodd hi amdana i, er o'dd dim rhaid iddi, whare teg. Ac mae'n rhaid i fi ddiolch i Gillian Elisa hefyd am gynnig 'yn enw i yn y lle cynta, achos o'dd hyn oll yn gam i gyfeiriad gwahanol o ran 'y ngyrfa ac yn ategu beth o'n i wedi'i neud ar *Pobol y Cwm* mewn ffordd. Mae'n rhaid i fi weud bo fi'n teimlo'n nyrfas ar y pryd, ond wedyn, 'wy wastad wedi teimlo'n nyrfas wrth berfformo, ac wy'n cofio Bob Monkhouse yn gweud wrtha i flynydda 'nôl, 'If you stop getting nervous, it's time to pack the business in.' Felly, mae bod fel 'na'n gallu rhoi tipyn o adrenalin i chi hefyd.

Tan nawr, o'dd y rhan fwya o 'ngyrfa i wedi bod trwy'r Saesneg ond, yn sydyn reit, yn Gymraeg o'dd talp mawr o'r hyn o'n i'n neud. Dechreuodd e gyda'r busnes canu gwlad, wedyn siew Huw Chiswell, Geraint Griffiths a Caryl a nawr hyn i gyd. Ac o'n i mor wironeddol browd achos, fel 'wy wedi sôn yn barod, 'wy wastad wedi teimlo nag yw 'Nghymraeg i'n ddigon da. Diffyg hyder yw e. Walle ei fod e'n tarddu o'r ardal lle ceso i 'magu yng Nghwm Tawe. Fel 'na mae lot o siaradwyr Cymraeg rownd ffor' hyn.

Mewn ffordd, 'wy wedi neud petha o whith. Mae lot o bobl Gymraeg heddi'n anelu am Lunden ond netho i hynny 'nôl yn y chwedega pan o'n i'n ifanc iawn, a dod 'nôl i Gymru. Sa i'n difaru dim. Licen i 'sen i wedi bod yn fwy llwyddiannus walle, ond 'wy wedi bod mor lwcus i gael shwt amrywiaeth yn 'y ngyrfa. 'Wy wedi neud tamed bach o bopeth ac mae lot i weud dros hynny. 'Wy ddim yn moyn swno'n fawr, ond wy'n credu bo fi wedi bod yn *good entertainer* ac mae hynny'n ddigon da i fi. 'Wy wastad yn trio 'ngora, ond mae'n rhaid i fi gyfadde taw'r hena wy'n mynd, mae'n troi'n galetach i fi gofio petha! Mae'r cof yn dechra ffilu ambell waith. Mae gofyn bod yn galed i ddod mlaen yn y busnes adloniant. Wy'n cofio Gary Barlow yn gweud am rai o'dd yn mynd ar *The X Factor* fod rhaid iddyn nhw fod yn galed, gan ofyn a fydden nhw'n barod i ystyried bwrw mlaen ar eu pen eu hunain heb y partner ddaeth gyda nhw, ac mae rhai'n barod iawn i neud. Ond sa i erioed wedi bod fel 'na. Dyw e ddim yno' i i fod yn galed. O'n i'n siarad â Bobby Wayne abythdu'r peth un tro, a wedas i fod y ddou ohonon ni erioed wedi trin mynd i ganu ac ennill arian fel busnes. Nage busnes o'dd e i ni achos bod ni'n mwynhau shwt gymaint, ond dyna fe, 'wy wedi cael bywyd neis iawn.

Dyddiau diddig

Pan ddaeth cyfresi Caryl Parry Jones yn HTV i ben, rhoiodd hi'n enw i mlaen i'r actor anfarwol o Ddyffryn Aman, Dafydd Hywel. Ar y pryd, o'dd D. H. yn ymwneud â chwmni pantomeim o'r enw Cwmni Whare Teg, a'r panto yn 1990/1991 o'dd *Twm Siôn Cati.* Caryl a Hywel Gwynfryn o'dd wedi'i sgrifennu e, ac ar ôl gweld 'y mherfformiad o 'Arwr' ar ei rhaglen, penderfynodd Caryl sôn wrth D. H. amdana i, gan awgrymu y bydden i'n addas i whare rhan y wrach, Ceri Dig Iawn. Twlodd e bip ar y fideo ohona i a chynnig y rhan i fi, a dyma fi'n dechra ar y troad diweddara yn 'y ngyrfa liwgar.

O'n i wrth 'y modd. O'n i'n dwlu ar y cyfle i wisgo lan ac i roi cymaint o golur ag o'n i'n moyn ar 'y ngwyneb. Wedi'r cwbwl, 'sdim byth isha esgus ar Toni Caroll i wisgo colur! A gweithias i'n galed i'w gael e'n iawn. Sa i'n credu y bydde hawl 'da fi nawr i hala shwt ofan ar y plant. Yn ogystal â'r ffordd o'n i'n dishgwl, o'n i'n defnyddio'n llais ar 'yn llwnc i ganu ac i siarad. O'dd e'n yddfol ac yn ddwfwn. Ar ôl tri mis o hyn, o'dd llais cryf iawn gyda fi. Ond cyn inni fynd ar daith, o'dd dim clem gyda fi shwt bydde'r gynulleidfa'n ymateb, a wna i fyth anghofio'r wythnos gynta. Yng Nghaerffili o'n ni, a phan etho i ar y llwyfan yn gwisgo dillad dramatig y wrach a'r colur brawychus, dros ben llestri

ar 'y ngwyneb, dechreuodd rhai o'r plant sgrechen a llefen.
Ac ar ôl mynd 'nôl i gefen llwyfan, etho inna i lefen, a fel
o'dd y dagra'n llifo, wy'n cofio gweud wrth D. H. bo fi'n ffilu
mynd 'nôl mas achos bo fi'n hala gormod o ofan ar y plant.
Ateb D. H. o'dd, 'Mae'n rhaid i ti. Dyna dy blydi waith di. Ti
fod i hala ofan arnyn nhw!' Wherthin!

Erbyn inni fynd â'r panto i Theatr y Sherman yng
Nghaerdydd, o'dd e eisoes wedi bod ar y teledu, felly o'dd
nifer o'r plant wedi'i weld e'n barod, ac yn gwbod beth o'dd
yn dod. A bob tro o'dd plant Hywel Gwynfryn yn meddwl
bod Ceri Dig Iawn yn mynd i ddod ar y llwyfan, o'n nhw'n
rhedeg mas! O'dd yr ymateb ymhlith myfyrwyr – ie,
myfyrwyr – yn anhygoel. Pan aethon ni lan i Fangor, o'dd
llwythi ohonyn nhw'n dod mewn o'r coleg yn y prynhawn
i weld Ceri Dig Iawn yn ei holl ogoniant, ac o'n nhw'n dwlu
arni. O'n i ddim yn gwbod bod shwt ffans gyda fi. Ambell
waith bydden ni'n neud tair siew y dydd, yn dechra am
ddeg o'r gloch y bore, a phan o'dd hynny'n digwydd, o'n
i'n gorffod aros mewn – o'n i'n ffilu mynd mas i gael bwyd
gyda'r lleill achos y colur o'dd gyda fi, neu bydden i wedi
hala ofan ar yr oedolion hefyd, nage dim ond y plant! Mae'n
amlwg fod yr hen wrach â'r gwinadd hir a'r gwefusa du wedi
gadael ei marc ar ambell un hyd y dydd heddi, achos mae
cwpwl o sylwada wedi eu rhoi ar y we gan bobl sy'n cofio'i
gweld hi flynydda 'nôl. Mae clip ohona i ar YouTube hefyd:
fi a rhai o aeloda eraill y cast. Mae'n ddoniol eu gweld nhw
erbyn hyn.

Ymhlith y rhai o'dd gyda ni yn y cast o'dd y Brodyr

Gregory ac Idris Charles, ac o'dd hwnnw ar fin ymuno â *Pobol y Cwm*. Wel, pan ddaeth y panto i ben, daeth e ata i a 'nghyd-actores Catrin Fychan un diwrnod, ac awgrymu bod y ddwy ohonon ni'n hala CV at y BBC. Mae'n rhaid i fi gyfadde bo fi ddim yn gwbod beth o'dd CV ar y pryd! Felly ysgrifennas i rwbath mas yn glou ar bishyn o bapur a'i hala fe at Glenda Jones yng Nghaerdydd, a myn yffarn i, ceso i alwad i fynd i'w gweld nhw. Gwpwl o wythnosa ar ôl 'ny, yn 1991, dechreuas i ar *Pobol y Cwm* am yr eildro, ond y tro yma fel Olwen.

Olwen

Mae'n od shwt mae dyddiada mawr bywyd wastad yn taro'r un pryd, on'd yw hi? Dydd Sul o'dd hi pan etho i mewn i'r stiwdio i whare rhan Olwen Parri am y tro cynta, a'r diwrnod cyn hynny o'n i'n claddu Mam. O'n i wedi clywed sbel fach yn ôl, wrth gwrs, bo fi'n mynd 'nôl i'r gyfres ac o'n i'n gyffro i gyd, ond pan o'n i'n arfer ymweld â Mam yn yr ysbyty, o'n i ddim wedi ystyried ei bod hi mor dost. O'dd hi'n ymwybodol bo fi wedi cael y rhan ac o'n i mor falch ei bod hi'n gwbod hynny, ond, yn anffodus, chas hi byth gyfle i 'ngweld i fel Olwen.

Sa i'n gwbod shwt llwyddas i ddod drwy'r diwrnoda cynta 'na ac, i neud petha'n waeth, yn y stori, o'dd cymeriad Olwen yn diodde o sgitsoffrenia. Nawr, cyn dechra, o'dd y tîm cynhyrchu wedi gofyn i fi roi llwyth o lunia o'r teulu iddyn nhw er mwyn iddyn nhw eu copïo ar gyfer y gyfres. Ond yr hyn wnaethon nhw ddim ei weud wrtha i o'dd beth yn gwmws o'n nhw'n bwriadu ei neud â nhw. Ar y dydd Llun, 'nôl â fi i'r stiwdio am ragor o ffilmo, a dyma nhw'n rhoi albwm agored yn 'yn llaw, a phan edrychas i ar y llunia yn y llyfr, o'dd pob un o'r penna wedi cael eu torri bant. Wel os do fe! O'dd e fel mwrthwl yn pwno 'nghalon i. Ac o'n i ddim yn moyn dangos dim achos bo fi'n nyrfas ac yn becso y bydde gweld hyn yn effeithio ar 'yn feddwl i.

Ar ben hynny, o'dd Olwen yn clywad llais ei mam o hyd.
O'dd e'n rhan o'i chyflwr. Ond troias i bopeth rownd, achos
penderfynas i wisgo *jewellery* Mam – ei modrwy fawr, ei
breichled a tsaen – a dodas i'r tri amdana i. Yn y gyfres, o'dd
Olwen wedi dod 'nôl i Gymru ar ôl bod yn cadw clwb mas
yn Sbaen, lle o'dd hi wedi cael bywyd da a dala lliw haul ac
yn y blaen. Ac o'n i'n teimlo bod gwisgo *jewellery* Mam yn
'yn helpu i. Ond wedyn, digwyddodd rhwbath od i fi ar ôl
wythnosa lawer o whare Olwen. Ar y freichled o'dd clasbyn
arall, rhyw fath o *safety catch*, a dyna le o'n i yn y stafell
wisgo cyn mynd mewn i'r stiwdio un bore, pan gwmpodd y
freichled off yn sydyn a glanio ar y llawr. O'dd popeth wedi
agor arni heb unrhyw reswm. Etho i'n oer drosta i, ond ar ôl
meddwl amdano fe, i fi, dyma ffordd 'yn fam o weud: 'Reit,
ti'n ocê nawr. Ti'n barod i fynd mla'n ar dy ben dy hunan.
Ti'n gallu neud e.' Dyna fel o'n i'n ei deall hi ta beth.

O'dd 'y nghydweithwyr yn gyffredinol yn hyfryd i fi:
rhai fel Lis Miles i enwi ond un. Daeth hi i siarad â fi dipyn
pan o'dd hyn i gyd yn mynd mlaen, a walle nad o'dd hi'n
ystyried faint o'dd hi'n 'yn helpu ar y pryd, ond buodd hi o
gymorth mawr. Wedyn, rhai fel Marion Fenner. O'n i'n agos
ati hitha hefyd, ond o'dd pawb yn wych i fi ac o'n i'n dwlu
mynd i'r gwaith yn y diwedd. O'dd hi'n bleser. Fel wedas i,
pan glywas i bo fi wedi cael rhan Olwen, o'n i'n gyffro i gyd
achos bod gweithio ar raglen fwya poblogaidd BBC Cymru
ar S4C yn dipyn o beth, ond oherwydd busnes Mam, o'dd
y cyfnod cynnar 'na'n gymysglyd braidd, ac o'dd lot o
deimlada gwahanol yn mynd trwy 'mhen. Mae'n naturiol.

Ond ar ôl i fi setlo, dechreuas i joio, a joias i'n fawr iawn iawn reit lan tan y diwedd. Cofiwch, jest cyn i fi adael, o'dd petha wedi dechra newid yno. O'dd hi'n debycach i weithio shifft mewn ffatri. Yn yr hen ddyddia, o'dd pawb yn arfer dod mewn yn y bore ac o'dd wastad cyfle i ni fynd drwy'n llinella gyda'n gilydd er mwyn cael teimlad am yr olygfa, a gweld shwt o'dd y sgript yn llifo. O'n i'n hoff iawn o'r awr fach arbennig yna peth cynta yn y bore, a bydden i wastad yn cyrraedd yn gynnar, ond erbyn y diwedd walle bydden i mewn yn y bore, a rhywun arall ddim yn gorffod cyrraedd sbo'r prynhawn, ac o'n ni byth yn gweld ein gilydd. Un mewn ac un mas o'dd hi. O'dd hi ddim cystal.

O'dd Olwen ddim yn cadw'r siop i ddechrau. Clwb snwcer o'dd gyda hi, a boi o'r enw Dave Evans o'dd yn cyfarwyddo bryd hynny. Nawr, o'dd tamed bach o lediaith gyda Dave, ac o'dd e'n arfer gwisgo cot wen, ac i fi o'dd e fel rhyw gyfarwyddwr mawr, pwysig. *Oh my God*, o'n i'n rhy ofnus i weithio gyda fe, achos o'n i braidd yn ddibrofiad ac o'n i'n meddwl y bydde'n rhaid i fi gael popeth yn berffaith y tro cynta. Ond o'dd dim isha i fi fod ag ofan, achos daethon ni mlaen yn ffantastig. O'dd e'n wych, ac yn gwbod beth o'dd e'n moyn ac yn ei gael e hefyd. Fe o'dd yr unig un o'dd yn mynd am *rehearse record* ac, fel arfer, bydde fe'n cael ymateb anhygoel gan actorion, a hynny ar ôl y *take* cynta. Achos bod pawb wedi ymlacio, o'dd neb yn becso am eu bod nhw'n gwbod y gallen nhw ei neud e eto, ond fel arfer o'dd dim angen. O'dd e'n cael y gora gan bawb. O'n i wastad yn dwlu gweithio gyda Dave.

Ond wedyn, o'n i'n hoffi gweithio gyda bron pawb ar y cast. O'dd hyd yn oed Harriet Lewis wedi newid ei chân erbyn i fi ddod 'nôl mewn i'r gyfres i whare rhan Olwen. O'n i'n dod mlaen yn dda gyda hi yr eildro, ond tro Rhian Jones o'dd yn whare rhan Karen, merch Olwen, o'dd hi i ddod dan y lach ganddi'r adeg honno. Am ryw reswm, cymerodd Harriet yn erbyn Rhian – sa i'n gwbod pam, am ei bod yn ifanc, o bosib. Os y'ch chi wedi bod mewn cyfres fel hon ers blynydda mawr, mae dyfodiad pobl ifanc yn gallu bod yn dipyn o fygythiad weithia. Eto i gyd, o'dd llawer o'r hen ffyddloniaid fel Ernest Evans ac Islwyn Morris yn wirioneddol hyfryd. O'n i'n arbennig o hoff o Ernest, a buon ni'n gweld ein gilydd reit lan nes iddo fe farw. Y trueni mawr yw bod rheolwyr y rhaglen wedi cael gwared â rhai o'r hen bobl yn eu saithdega cyn bod gwir angen neud hynny yn 'y marn i. O'dd dim byd yn bod ar eu meddyla nhw, ond ceson nhw fynd am fod syniada newydd gyda rheina lan llofft. Erbyn y diwedd, ceson nhw wared ag ambell un ohonon ni o'dd yn cyrraedd ein pumdega hefyd. Fel 'na mae hi weithia. Mae angen gwaed newydd, ond tua'r adeg yna gadawodd Gareth Lewis, o'dd yn whare'r anfarwol Meic Pierce, cariad Olwen ar y pryd. Ac unwaith aeth Meic, o'n nhw ddim fel 'sen nhw'n gwbod beth i neud ag Olwen am y ddwy flynedd nesa achos bod y ddou i fod i briodi, ac wy'n credu bydde hwnna wedi bod yn ffantastig i'r gyfres. Maen nhw wedi colli sawl cymeriad cryf dros y blynydda.

Drwy gydol y cyfnod buas i ar *Pobol y Cwm*, John o'dd yn carco Sean a Brenden ac yn dishgwl ar ôl y tŷ a'r ardd.

O'dd yr ardd yn anhygoel gyda fe, ddim fel mae hi nawr!
Fe o'dd yn dishgwl ar 'yn ôl inna hefyd, ac ar ddiwedd pob
dydd, bydde pryd o fwyd a glased o win ar y ford i fi'n ddi-
ffael. O'dd e'n wych, ac yn rhoi'r cyfle o'dd ei angen arna
i i ganolbwyntio ar 'y ngyrfa a dod sha thre gyda'r nos i
ddysgu'n llinella ar gyfer y bore wedyn, ac yn y blaen. O'n i'n
lwcus iawn. Ambell waith, ond ddim yn aml, bydde fe'n dod
gyda fi, yn enwedig os o'dd parti neu os o'n i'n perfformo
mewn noson lawen neu rwbath fel 'na, a bydde fe'n joio ac
yn gwisgo lan, ond fel arall bydde fe'n aros gatre gyda'r bois.
Wy'n cofio'r cynhyrchydd Paul Jones yn gweud wrtha i
unwaith, 'Jiw, mae e'n dda i ti.'

Bydde John yn dod â fi lawr i Gaerdydd yn y car weithia,
yn mynd sha thre i Aber-craf ac yn dod 'nôl bob cam ar
ddiwedd y noson, neu ambell waith bydde fe'n mynd i'r
sinema i ladd cwpwl o oria cyn dod i 'nghasglu i. O'n i'n cael
'yn strywo gyda fe, ac o'dd e'n browd iawn o'r petha o'n i'n
eu neud.

Ond wedi gweud 'na, o ddishgwl 'nôl, wy'n credu bod
John wedi mynd yn isel ei ysbryd o dipyn i beth achos bo
fi'n gweithio ar *Pobol y Cwm*. Rhaid bod hyn wedi dechra
dod i'r amlwg ar ôl i fi fod ar y rhaglen am ddwy neu dair
blynedd. A nage achos ei fod e'n genfigennus ohona i o'dd
e. O na, o'dd e'n browd iawn. Ond o'dd ei fyd e wedi newid
yn llwyr. Ar ôl blynydda o whare rhan amlwg, ganolog yn
'y ngyrfa i, yn helpu i drefnu gigs, yn rhoi cyngor a llunio'r
ffordd mlaen, yn sydyn reit, o'dd e fwy ar y cyrion, ar y tu
fas. O'dd e wastad wedi joio dod gyda fi i bobman. O'n ni'n

arfer siopa gyda'n gilydd, dewis dillad, neud popeth gyda'n gilydd, ond nawr o'n i'n mynd fwy wrth 'yn hunan. Ac o'dd hwnna siŵr o fod yn eitha clatshen iddo fe, o feddwl 'nôl. Dyna pryd y dechreuodd petha fynd yn ffradach iddo fe yn ei feddwl. Dechreuodd e golli'i hyder a'i hunan-werth. O'dd dim rôl amlwg gyda fe mwyach. A ffilas i weld hyn am sbel achos, i fi, John o'dd 'y nghraig i, y boi hyderus o'dd yn gallu neud popeth ac yn rhoi hyder i *fi*.

O'n i heb sylwi bod rhwbath o'i le nes i fi ddod sha thre un nosweth a'i ffindo fe'n llefen yn y gadair. A cheso i sioc, achos tan nawr o'dd y dyn 'ma o'dd yn briod â fi wastad wedi bod yng nghanol y sbort a'r wherthin i gyd. Dyna'i gefndir e o'i amser ar y bad. O'dd e'n gwbod shwt i joio, a ta pwy o'dd yn dod i'r tŷ, y cwestiwn cynta o'dd: 'What do you want to drink?' O'dd e'n gyfarwydd ag yfed yn gymdeithasol a chroesawu pobl. O'dd bar gyda ni yn y lolfa ac, i ryw radda, o'dd e wedi ail-greu bywyd y bad yn y tŷ. Ond o'dd ei gartre'n dechra troi'n garchar. O'dd e byth yn mynd o olwg y simna.

O'dd mynd mas i weithio ei hunan ddim yn opsiwn oherwydd ei salwch. O'dd yr *ulcerative colitis* o'dd arno fe'n ei stopo rhag cael swydd lawn amser – hynny a'r dermatitis ar ei ddwylo. Dyna pam o'dd e wedi ffilu cario mlaen yn y ffatri flynydda 'nôl. Felly fi o'dd yr unig un o'dd yn ennill, ac o'dd hwnna hefyd siŵr o fod yn ei ladd e. Mae'n naturiol. Wy'n cofio John yn dod i barti gyda fi un tro a chwrdd â Tony Bach – Tony Llewelyn, yr actor – a John yn gofyn iddo beth o'dd e'n neud o ran ei waith.

'I'm a house husband now,' medda hwnnw.

'Oh, so am I,' o'dd ateb John. Dyna'r tro cynta iddo gyfadde taw dyna o'dd ei waith, ac o'dd e'n gyffro i gyd ac mor barod i weu'tho i fod rhywun arall yn yr un sefyllfa ag e.

Ond i fynd 'nôl at y noson ffindas i fe'n llefen wrth ei hunan yn y lolfa. Wna i fyth anghofio'r noson honno. Wy'n ei gofio fe'n gweud wrtha i shwt o'dd e'n stŷc yn y tŷ ar ei ben ei hunan drwy'r dydd bob dydd. Pan drias i weud wrtho y galla fe fynd mas i whare golff neu i gwrdd â ffrindia, o'dd hi'n amlwg nage dyna beth o'dd e'n moyn. Colli cwmni cydweithwyr o'dd e, hynny a bwrlwm gwaith. Wedodd e bo fi'n dod sha thre bob nos yn llawn sôn a siarad am beth o'n i wedi bod yn ei neud yn ystod y dydd, ond o'dd dim sgwrs fel 'na gyda John erbyn hyn, a wnes i ddim meddwl. Walle fod ei oedran wedi whare rhan yn y ffaith nad o'dd e'n moyn mynd mas gymaint hefyd – sa i'n gwbod. Ond dyna o'dd y tro cynta i fi sylweddoli bod rhwbath mawr o'i le. Yn fuan wedyn, sylwas i ei fod e'n yfed lot mwy nag arfer, a dechreuodd hynny gael effaith arna i a'r teulu. O'dd e'n dechra mynd yn galed i fyw gyda fe.

Yn ystod y cyfnod yma hefyd, aeth e i feddwl fwy am ei blant o'i briodas gynta: Darren a Kelly. Ceso i sioc un tro pan ofynnodd ei chwaer a alle Darren ddod lan i'w weld e amser o'dd ei dad yn sâl, achos ymateb John o'dd, 'I don't know him any more.' Aeth hwnna drwydda i, a ffilas i ddeall pam ei fod e'n gweud shwt beth, achos o'dd Darren yn arfer dod i aros gyda ni'n amal pan o'dd e'n ifancach. Bydde fe a

Sean yn whare gyda'i gilydd ac o'n nhw'n dod mlaen yn nêt. Trefnon ni i gael ceffyl lan iddo fe, a bod rhyw foi yn mynd â fe mas am dro ar hwnnw. O'dd e'n cael popeth o'dd e'n moyn, ond wedyn, yn sydyn reit, pallodd ei fam adael iddo fe ddod aton ni am ryw reswm, a ddaeth e ddim yn agos am sbel hir. Dyna pryd dechreuodd John golli nabod ar ei fab, walle. 'Wy wedi meddwl lot ers i fi golli John beth o'dd yn mynd trwy ei feddwl yn ystod y cyfnod 'na. Walle ei fod e'n teimlo'n euog am beth ddigwyddodd, a'i fod e heb hwpo'n fwy i gael Darren i ddod 'nôl lan aton ni, ond nage ei fai e o'dd hynny. Mae petha fel 'na'n digwydd. Ac o'n i wastad yn grediniol y bydde Darren yn dod i whilo am ei dad ar ôl iddo gyrraedd dwy ar bymtheg neu ddeunaw oed, ond o'dd cymaint o amser wedi mynd heibio erbyn iddo gyrraedd yr oedran hwnnw nes o'dd hi wedi mynd braidd yn hwyr.

Erbyn meddwl, o'dd bownd o fod straen ar y berthynas rhwng John a'i ddou blentyn cynta ers amser hir. Ar y tad-yng-nghyfraith o'dd y bai man 'na, wy'n credu. Yn ôl beth wy'n ei ddeall, fe o'dd yn gyfrifol am dorri'r briodas 'na. Wedodd John wrtha i fod ei wraig gynta wedi gofyn alle ei thad ddod i fyw atyn nhw am gyfnod bach, ond trodd y cyfnod bach yn flynydda. A'r rhain o'dd y blynydda o'dd John yn gorffod mynd bant gyda'i waith ar y bad. Wel, erbyn iddo fe ddod 'nôl, o'n nhw ddim yn ei nabod e cystal. Ys gwedodd e, fe o'dd Siôn Corn, yn dod â phresanta iddyn nhw, ond o ran bod yn dad iddyn nhw, y tad-cu o'dd yn byw dan yr un to â nhw ddaeth i lanw'r rôl honno. Fe o'dd popeth a fe o'dd yn arfer mynd â nhw mas, er bod John yn gofyn am gael neud. Ac wy'n credu taw dyna ddantodd John yn y diwedd, a dyna arweiniodd at yr ysgariad.

O'n ni erioed wedi cwato oddi wrth Sean a Brenden bod teulu arall gyda fe, ond er bod Brenden yn gwbod yn iawn beth o'dd y sefyllfa, llwyddodd e i gadw'r wybodaeth 'na rhag suddo i mewn i'w glop am ryw reswm nes bod ei dad yn marw. Mae'n od, on'd yw hi, shwt mae rhywun yn gallu neud 'na? Etho i'n oer amser dechreuodd Brenden holi am y teulu arall fel 'se'r cwbwl yn newydd iddo, achos o'dd e'n gwbod yn iawn, ond o'dd e heb adael iddo'i hunan ei brosesu fe.

O'dd hwnna i gyd yn arbennig o ryfedd o gofio'r berthynas agos o'dd rhynt John a'r ddou fachgen. O'dd y tri ohonyn nhw'n dew gyda'i gilydd. Fe wnaeth e bopeth gyda nhw – golff, oifad, pêl-droed, drifo – popeth. O'dd e'n arfer mynd â nhw yn y car bob bore Sadwrn i ôl bois eraill yr ardal a'u drifo nhw i gyd i whare pêl-droed. John o'dd yn mynd â nhw i wersi drwms, gwersi gitâr ... ta beth o'n nhw'n moyn. O'dd wastad llwyth o ffrindia'n byw a bod lan yn y tŷ ac o'dd John wedi marco cwrt tennis iddyn nhw yn yr ardd, a lle iddyn nhw whare criced. O'dd e'n dad ffantastig. O'dd e'n wych gyda nhw, a fe o'dd wedi'u magu nhw pan o'n i yn y gwaith. Felly, o'dd clywed Brenden yn holi am y teulu arall fel 'se fe'n clywed popeth am y tro cynta yn brofiad rhyfedd iawn. O'dd e'n ddigon i hala'r cryd arna i.

Ond o dipyn i beth, tyfodd y bechgyn a chyrhaeddon nhw'r oedran lle o'n nhw'n dechra mynd yn fwy annibynnol. Yn sydyn reit, o'dd llai o angen eu tad arnyn nhw. A digwyddodd hyn i gyd pan o'n inna'n fwy annibynnol hefyd ac yn cael llwyddiant ar *Pobol y Cwm*. Heb fawr o rybudd, o'dd ei fyd e wedi troi ben i waered. O'n i heb sylweddoli ar y pryd fod y cyfan wedi dod gyda'i gilydd, ac o'dd e bownd o fod yn beth ofnadwy i John druan. 'Sdim rhyfedd ei fod e'n teimlo'n stỳc yn y tŷ ar ei ben ei hunan heb rôl. Dim ond eitha sbel ar ôl 'ny gwelas i beth o'dd wedi digwydd iddo fe.

Bydde John wedi bod yn dda iawn yn cadw tafarn, ac aethon ni ar ôl cwpwl ohonyn nhw ar un adeg. Collon ni mas ar un yng Nghwm-twrch ond, wrth ddishgwl 'nôl a gwbod beth wy'n ei wbod nawr, walle taw dyna'r peth gwaetha alle fod wedi digwydd hefyd. Wedi gweud 'na, wy'n dal i deimlo bod talenta John heb gael eu defnyddio'n iawn. O'dd gyda fe gymaint i'w gynnig, ond fe gas lot o'i sgilia eu bratu. O'dd e'n gallu troi ei law at lawer o betha. O'dd e'n wych am neud bwyd, er enghraifft – lot gwell na fi! Ond ar ôl i'r iselder gydio ynddo fe, aeth pethe lawr yn glou wedyn, a dechreuodd e yfed yn drwm ... yn drwm iawn erbyn y diwedd. Wy'n cofio ffono'i chwaer i sôn wrthi beth o'dd yn digwydd a shwt o'dd e'n effeithio ar y teulu, ac wy'n cofio trafod ble allen ni fynd am help, ond pallodd e fynd at AA. O'dd e'n fwy parod i dalu i fynd yn breifat, ond y gwir amdani yw nad o'dd llefydd ar gael bryd hynny, ddim rownd ffor' hyn ta beth. Aeth e at rywun yng Nghaerfyrddin am gwpwl o sesiyna, a gweithiodd rheina am ychydig bach, ond o dipyn i beth aeth e 'nôl i yfed yn drwm eto.

Aeth yr yfed mlaen am ryw ddeng mlynedd i gyd,
ac o'dd hi ddim yn hawdd byw gyda rhywun o'dd mor
ddibynnol ar y botel. O'dd hi'n anodd iawn, iawn weithia.
Pan ddaeth 'y nhad i fyw gyda ni, bydde John yn gweud
wrtha i ambell waith bo fi'n neud gormod drosto, a dyna
le o'n i'n meddwl bo fi ddim yn neud digon! O'dd Dad yn
pallu gadael i fi neud mwy – o'dd e'n ddyn preifat iawn. Ond
pan o'dd e'n cwyno am y ffordd o'n i gyda Dad, nage John
o'dd yn siarad go iawn, ond yr alcohol. O'dd John yn ddyn
hyfryd, a fydde fe byth wedi gweud shwt beth fel arall.

Sa i'n gwbod shwt wnes i ddod i ben, a gweud y gwir yn
onest. Unwaith yn unig collas i amynedd gyda fe, y tro cynta
a'r unig dro. O'dd John a fi byth yn ffraeo, a'r unig eiria
croes fydde gyda ni drwy'r holl flynydda buon ni'n briod
o'dd amser bydde fe'n 'y nghyhuddo i o neud gormod dros y
bechgyn, er ei fod e'n waeth na fi yn hynny o beth! Os o'dd
rhywun yn eu sbwylo nhw, John o'dd e. Galla i wherthin
nawr, ond y tro hwnnw y collas i amynedd yn llwyr gyda fe,
twlas i ei fwyd e ar y llawr. O, o'n i'n grac! Y peth yw, o'dd
e'n gallu troi'n gas os o'dd e wedi bod ar y whisgi, ac o'n i'n
ffilu ymdopi â hwnna. Ond ymhen sbel, aeth e ar y Bacardi,
a gyda hwnna o'dd e'n fwy sili na chas.

Ond wy'n jwmpo mlaen yn rhy bell nawr, achos wnaeth
yr yfed trwm ddim troi'n broblem nes i fi gwpla ar *Pobol y
Cwm* ac ar ôl i fi golli 'nhad. O'dd presenoldeb 'yn rhieni'n
amlwg ar ddechrau ac ar ddiwedd 'y nghyfnod yn yr opera
sebon. Etho i mewn i whare rhan Olwen ddiwrnod ar ôl
claddu Mam, a detho i mas bum mlynedd wedyn jest cyn

i Dad farw yn 1996. O'dd e wedi mynd yn dost iawn ar ôl cwmpo yn ei waith a neud niwed i'w aren, a daeth e i fyw aton ni yn y mis Ebrill. Yn yr un mis, cwplas i ar y gyfres achos roion nhw ddim cytundeb newydd i fi. O'n nhw'n whilo i gael gwared â sawl un o'r cast ar y pryd, ac o'n i'n digwydd bod yn rhan o'r garfan honno. O ddishgwl 'nôl, walle o'dd e i fod, achos buas i'n carco Dad am ddou fis nes iddo farw ym mis Mehefin y flwyddyn honno, a 'sen i heb gael y cyfle hwnnw 'sen i'n dal i fod ar *Pobol y Cwm*. Mae'n od shwt mae petha'n gweithio mas.

Chwant, Chwiorydd a Chlatshys

Ta beth, fuas i ddim mas o waith yn hir, achos tra bo fi'n dishgwl ar ôl Dad, ceso i alwad i fynd am *audition* am ran yn *Tair Chwaer*. Etho i i gwrdd â'r tîm cynhyrchu a wedon nhw wrtha i bo fi'n rhy hen i whare un o'r chwiorydd, ond cynigion nhw ran Yvonne i fi. Nawr, os cofiwch chi, Yvonne o'dd nymffomaniac y pentre. O'dd dim un dyn yn saff gyda hi am filltiroedd! Wel, a finna'n tynnu am 'yn hanner cant, dyma Toni Caroll yn dechra whare rhan Yvonne y nymffomaniac mewn cyfres deledu newydd ar S4C yn 1997.

O'dd y teulu agos yn hollol wych 'da fi, ond ceso i eitha tipyn o stŵr gydag ambell un o deulu Dad am honna. Wy'n cofio mynd i weld un o'i chwiorydd yn fuan ar ôl iddo farw, a phan gyrhaeddas i'r tŷ, o'dd drws y ffrynt ar agor ond drws y lolfa mewn tu fewn ar gau. Mewn â fi i'r tŷ, a cheso i'r teimlad cryfa yn y byd bod rhywun yn siarad amdana i. Agoras i'r drws a dyna pryd dechreuodd y sbeng – o'n nhw'n meddwl ei fod e'n warthus bo fi'n whare shwt gymeriad, wir. O'n nhw'n moyn gwbod pam 'sen i wedi aros ar *Pobol y Cwm* yn whare rhan deidi, a fel hyn a fel arall. Trias i egluro wrthyn nhw taw drama o'dd hyn, nage bywyd go iawn, ond na, o'n nhw ddim yn barod i wrando arna i. O'n i'n teimlo fel gweud cwpwl o wirionedda wrthyn nhw yn y fan a'r lle am betha mawr o'dd yn mynd mlaen yn eu teulu nhw, ond penderfynas i adael llonydd iddyn nhw er parch i 'nhad. Felly troias i rownd a cherdded mas, ond gallen i fod wedi gweud cwpwl piwr o betha fydda wedi codi cywilydd arnyn nhw. Y peth yw, fi oedd y cynta yn y teulu i neud y math yma o beth, i fynd i fyd canu ac acto, ond mae perthnasa eraill gyda fi'n ei neud e bellach. Mae'n rhaid i fi weud taw fi yw dafad ddu'r teulu. Dyna mae ambell un wedi 'ngalw yn 'yn wyneb hyd yn oed. Ond dyna fe, fel 'na mae. Mae sgwydda llydan gyda fi.

Cofiwch, o'dd rhai o'r *outfits* o'n i'n gwisgo ambell waith yn ddigon i neud i unrhyw un gochi! O'n i'n gweithio lot wrth ochr Dewi Williams yn y gyfres. Fe o'dd yn acto Alan, gŵr un o'r tair chwaer yn y ddrama, sef Sharon, o'dd yn cael ei whare gan Donna Edwards. Ta beth, yn ôl y stori, o'dd Yvonne yn cael *affair* gwyllt a nwydus gyda fe, ac o'dd rhai o'r petha o'n nhw'n erfyn i ni eu neud, rhai o'r stumia a'r ffordd o'n ni'n gorffod sefyll … a gorwedd … o, bois bach, wy'n troi'n wan jest wrth feddwl amdanyn nhw! Ac o'dd yr *extras* yn dishgwl mewn trwy'r ffenest ar y ffilmo ambell waith! Pidwch â sôn! Ond o'dd Dewi'n wych, mae e mor broffesiynol.

Wy'n cofio'r olygfa gynta un geso i yn y gyfres. O'n nhw wedi dodi Yvonne i werthu stwff cwmni Ann Summers mewn clwb, a dyna le o'n i'n neud y demo 'ma gyda *vibrators* a rhyw betha fel 'na o flaen yr holl *extras* o'n i ddim yn eu nabod. Ac o'dd golygfa arall wedyn, lle o'n i wedi martsio mewn i'r post a hwpo *vibrator* ar ben y cownter. Wherthin!

O'dd y cwbwl yn eitha *risqué*, ond whare teg i John a'r bechgyn – wedodd Sean na Brenden ddim byd wrtha i am whare shwt ranna. Bydden i'n eu rhybuddio nhw weithia bod golygfa eitha agos at yr asgwrn 'da fi, ond mae meddwl eitha agored gyda'r ddou fab. Fel wedas i, dim ond gydag ambell un o'r teulu ar ochr Dad y ceso i unrhyw drafferth fel 'na, sy'n drueni, achos o'n nhw ddim yn deall taw acto o'n i. Ac o'n nhw ddim yn deall y gwahaniaeth chwaith rhwng acto mewn opera sebon a drama ar lefel ychydig yn wahanol.

Fe wnaethon ni dair cyfres o *Tair Chwaer* ac fe wnes i wir joio gweithio arnyn nhw. Joias i'r sialens. Joias i weithio gydag actorion eraill hefyd. O'n i'n nabod sawl un o'r cast yn barod, ond o'n i erioed wedi gweithio gyda Donna Edwards o'r blaen. Wy'n cofio bod gyda hi mewn un olygfa lle rhoiodd hi eitha clatshen i fi. O'n i wedi gweithio gydag actorion yn y gorffennol lle o'dd y math yma o beth yn codi mewn golygfa, a bydden i'n rhy swil i fwrw pobl yn iawn achos bo fi mor newydd i'r busnes. Wy'n cofio un o'r troeon cynta pan wedodd Rhys Parry Jones wrtha i am beidio â dala 'nôl – o'dd e'n erfyn i fi ei bwno fe fel 'sen i'n ei feddwl e. O wel, meddylas i, fel hyn mae actorion yn ei neud, ac felly dyma fi'n ufuddhau. Ond o'n i ddim yn erfyn i fenyw 'y mhwno i'n galed. Yffach, ceso i shwt glatshen 'da Donna, ac o'dd ofan arna i agor 'y ngheg. O'n i wir yn meddwl y bydde cwpwl o ddannedd yn cwmpo mas. Ac o'dd y cyfarwyddwr

yn ffilu deall pam nag o'n i wedi ymateb, ond o'dd gormod
o ofan arna i weud dim rhag ofan fod 'y ngheg i'n llawn
gwaed.

Y peth yw, o'n i'n gymharol ddibrofiad fel actores ar y
pryd. O'n i erioed wedi cael unrhyw hyfforddiant ffurfiol
yn y maes. 'Wy ddim yn ystyried 'yn hunan yn actores dda
iawn fel y cyfryw, ddim mewn ffordd gonfensiynol, ond
nage fi yw'r waetha chwaith. Wy'n dal i feddwl amdanaf fi
fy hun fel *good entertainer*, ac mae acto'n rhan o hwnna.
'Wy wedi blasu sawl agwedd o'r byd hwnnw – o ganu i sefyll
ar lwyfan a gweud jôcs, i berfformo mewn *cabaret* a nawr
acto. 'Wy wedi bod yn lwcus iawn o gael cyfle i newid a
symud yn ôl y galw. 'Wy yma o hyd. Alla i ddim conan. A
joias i weithio ar *Tair Chwaer* yn fawr iawn. 'Se rhywun yn
gofyn i fi pa un sy'n well 'da fi – canu, gwaith comedi neu
acto – gelen i drafferth dewis. Y peth yw, maen nhw i gyd
mor wahanol, ond mae'n rhaid cyfadde bod perfformo'n fyw
yn dod â dimensiwn arall iddi. 'Sdim byd tebyg iddo. Mae'n
drydanol. Wedi perfformo'n fyw yr ydw i ar hyd 'y ngyrfa,
felly wy'n gwbod beth i whilo amdano, wy'n darllen yr
arwyddion ac yn gwbod beth sy'n dod nesa. Mae'n dod yn
reddfol i fi, ac wy'n hyderus bo fi'n mynd i allu ei reoli fe.

Dyna beth mae profiad blynydda'n ei roi i rywun.
Ac wrth gwrs, mae ymateb y gynulleidfa'n whare rhan
allweddol, ond smo chi'n cael hwnna gyda gwaith teledu.
Beth mae'r cyfarwyddwr yn moyn sy'n bwysig, neu beth
mae gweddill y tîm yn moyn, ac mae lot i weud dros hynny
hefyd. Ffordd arall o weithio yw e, dyna i gyd. Eto, hyd yn

oed pan wy'n gweithio ar y teledu, mae'n well 'da fi fynd amdani ar y *take* cynta, achos 'sdim byd gwaeth na bod rhywun wedi rhoi'r cyfan i ryw olygfa a ffindo ar ei diwedd fod y cyfarwyddwr heb ei recordo. Rhowch *rehearse record* i fi bob tro.

Un rhaglen netho i o'dd yn hollol fyw o'dd rhifyn arbennig o *Heno*. Y flwyddyn o'dd 1999 ac un diwrnod dyma'r cynhyrchydd yn ffono i ofyn a o'n i'n gwbod shwt i gael gafael ar Bonnie Tyler achos bod nhw'n bwriadu neud rhaglen i ddathlu ei phen-blwydd yn hanner cant. Nawr, wy'n nabod Bonnie yn dda, a dyna pam ffonon nhw wrth gwrs, ond o'n i'n gwbod hefyd ei bod hi ddwy flynedd yn ifancach na fi. Nage hi, ond fi, o'dd yn hanner cant yn 1999! Ta beth, dechreuon ni siarad am bwy arall o'dd yn dathlu pen-blwydd mawr y flwyddyn honno a wedas i fod Bobby Wayne ar fin neud a bo finna newydd droi'n hanner cant fis ynghynt. O'n i'n gallu clywed ei meddwl yn tician dros y ffôn ac yna gofynnodd hi a fydden ni'n dou'n barod i ddod lawr i'r stiwdio ryw brynhawn i gael ein holi am yr achlysur. Ffonas i Bobby a lawr â ni er mwyn mynd drwy'n petha'n barod ar gyfer y rhaglen fyw y nosweth 'ny. Nawr, mae Bobby'n gallu bod yn ddoniol iawn off camera ac o'dd pawb yn wherthin shwt gymaint achos y storïa o'dd gyda fe nes i'r cynhyrchydd benderfynu yn y fan a'r lle neud y rhaglen gyfan amdanon ni. Ceson ni'n holi gan Angharad Mair a Siân Thomas, canon ni ddwy gân yn fyw, galwon nhw Rita Marvin a Dave Devereaux mewn i'r stiwdio a meibion Peter James i whare i ni, a cheson nhw Bonnie Tyler yn fyw ar y ffôn o Barcelona. Yn ôl y sôn, o'dd hi'n rhaglen ofnadwy o boblogaidd, ac o'dd pob ffôn yn fishi o'r dechra i'r diwedd. Dyna hefyd o'dd y tro cynta i Bobby a fi ganu gyda'n gilydd ers dros ucen mlynedd ac o'dd hi fel llaw'n mynd mewn i faneg. O'dd y telepathi rhynton ni mor gryf ag erioed.

Yn ystod cyfnod ffilmo *Tair Chwaer*, ceso i alwad hollol annisgwyl ryw ddiwrnod gan Terry Dyddgen Jones yn y BBC. O'dd e'n moyn i fi fynd 'nôl mewn i *Pobol y Cwm* fel Olwen i neud stori o'dd yn seiliedig ar un wir. O'dd e Terry wedi bod yn gweithio gydag Anne Kirkbride, o'dd yn adnabyddus fel Deirdre Barlow ar *Coronation Street*, ac o'dd y ddou ohonyn nhw'n dipyn o ffrindia. 'Nôl yn 1993, clywodd Anne Kirkbride fod *Non-Hodgkin's lymphoma* arni, a beth o'dd Terry'n moyn i fi neud o'dd whare rhan Olwen yn diodde o'r un peth. Yn ôl y stori, o'dd Olwen i fod i ddod 'nôl i Gymru o Sbaen i ymweld â Karen, ei merch, ar ôl cael triniaeth ysbyty mas yn y wlad honno. Oherwydd y driniaeth, o'dd hi wedi colli'i gwallt ond o'dd hi ddim wedi sôn gair am hyn wrth Karen. Wel, i dorri stori hir yn fyr, o'dd rhaid iddi gael ei dangos â phen moel ac i neud hyn, o'n i'n gorffod gwisgo cap croen. Acto o'n i wrth gwrs, ond hyd yn oed wedi 'ny, o'n i'n becso y bydde aeloda eraill y criw yn wherthin am 'y mhen i. Ta beth, o'n i wedi bod gyda'r fenyw goluro am beth amser a hitha'n dodi'r cap arna i ac yn neud i bopeth ffito, ac wrth i fi ishta yn y gadair a hyn i gyd yn mynd mlaen, dyma'r teimlad mwya rhyfedd yn mynd drwydda i, fel 'se rhwbeth yn bownso o dop 'y mhen – boing, boing, boing, boing fel 'na – a mynd

mas drwy 'nhraed i. Sa i'n gwbod beth yn y byd o'dd e,
ond o'dd e'n rhyfedd iawn, ac o'dd y fenyw goluro wedi'i
deimlo fe hefyd. Wel, daeth hi'n amser i fi fynd i'r stiwdio,
ac o'n i wir ddim yn moyn mynd achos, fel wedas i, o'n
i'n becso y bydde pobl yn wherthin, ond wrth i fi agor
y drws a cherdded mewn, pasas i un o'r bois camera ac
o'dd ei wyneb e'n bictiwr. Aeth y lle'n hollol dawel. Dalas
i 'mhen lan a cherdded ar draws llawr y stiwdio a wnaeth
neb wherthin, neb o gwbwl. O'dd yr effaith ar y lleill yn
anhygoel.

Ar yr un pryd ag o'dd hyn yn digwydd i Olwen yn y
gyfres, o'dd y gantores Gwenda Owen yn cael triniaeth
am ganser y fron. O'n nhw wedi ffindo twmpyn ar un o'i
bronna ac o'dd rhaid iddi gael cemotherapi a rhyw betha.
Tra ei bod hi'n mynd trwy'r driniaeth, o'n i'n ffilu'n deg â
mynd i'w gweld hi am ryw reswm, er bo fi'n ei nabod hi'n
iawn. O'dd e'n rhy gignoeth. Ond o'n i'n ei ffono hi'n amal
ac yn cadw mewn cysylltiad fel 'na. Ta beth, o'dd Gwenda'n
mynd i briodas, ac oherwydd effaith y driniaeth, o'dd hi
wedi mynd am *fitting* i gael wig. Ac wy'n cofio gweud wrthi
un diwrnod: 'Gwenda, ti mor bert, 'sdim isha wig arnat ti.
Cer fel wyt ti. Cer i'r briodas fel wyt ti a dy ben yn uchel.'

A 'sen i byth wedi gallu gweud hynny wrthi oni bai am
y rhan o'n i'n ei whare ar y pryd. Nawr, wy'n gwbod bod
gwahaniaeth mawr rhwng acto a bywyd go iawn, ond mae
Gwenda mor brydferth ac o'n i'n gwbod y bydde hi'n iawn.
A ffonodd hi 'nôl ar ôl y briodas i weud taw dyna wnaeth hi.
Aeth hi heb wallt.

Pedair cenhedlaeth o'r teulu: Hilda, Mam a fi adeg geni Sean

Llun ysgol
Sean a Brenden

Y bois gyda John

Sean a Brenden gyda Sylvester McCoy pan
o'n nhw'n *extras* yn *Dr Who*

In *The Fame Game*, 1985

Gyda Rita Marvin, Bonnie Tyler a Bobby Wayne yn yr wythdega

Sioe yn theatr y Majestic yn y Barri

Recordio cân elusennol gyda Gwenda Owen (canol), Iona Boggie, Beth Robert a Siân James (Gillian Elisa o'dd y gantores arall)

Cyfnod cyfresi Caryl – talent amrywiol a hwyliog

Gyda Phillip Howe a Huw Ceredig, yn joio mas draw

Fel Ceri Dig Iawn yn y panto, yn tagu
Catrin Fychan, druan!

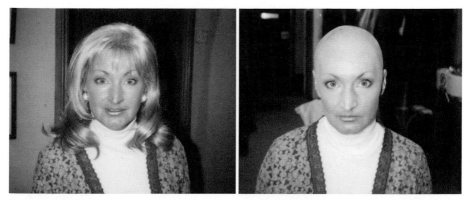

Fel Olwen yn *Pobol y Cwm* adeg ei salwch (Lluniau drwy ganiatâd caredig BBC Cymru Wales)

Gwahanol wyneba Glesni yn *Con Passionate* (Cynhyrchwyd gan Teledu Apollo ar ran S4C)

Ffrindia da – Peter, Blod,
Margaret a Geoff

Blod – hebddi hi, fydde dim llyfr

John yn smart yn ei hoff siaced

Gyda Robert Lewis a char hyfryd

Gyda Donia ar ein ffordd i briodas

Bobby Wayne a'i wraig Janice yn yr wythdega

Sean a Kelly

Brenden a Geraldine

Gyda Naomi, fy wyres

Ashton, fy ŵyr

Fi a John – cariad 'y mywyd

Yn joio'r *glamour* gymaint ag erioed!

Llun: Aled Llywelyn

Aeth hi drwy amser ofnadwy gyda'r salwch ond sbel ar ôl 'ny, a hitha wedi dod dros y cwbwl, ffonodd hi fi un diwrnod i ofyn tybed a fydden i'n fo'lon canu gyda hi a chriw o ferched eraill ar gân o'n nhw'n mynd i'w recordo'n arbennig. Gwenda ei hunan sgrifennodd hi. Ac wy'n cofio mynd i gwrdd â hi a'i gweld hi am y tro cynta ar ôl ei thostrwydd a finne'n erfyn iddi fod heb wallt, ond dyna lle o'dd hi'n bictiwr hardd ac iach. O'dd ei gwallt wedi tyfu 'nôl ac wedi cael ei liwo, ac o'dd hi'n dishgwl yn gorjys. Recordon ni'r gân yng Nghastellnewydd Emlyn, os cofia i'n iawn, ac o'dd hi'n un o wyth cân obeithiol gyfansoddodd Gwenda a'u casglu ynghyd ar CD o'r enw *Neges y Gân*. Rhyddhawyd y CD a gwerthwyd pob copi'n fuan, a'r arian gas ei godi'n mynd at ymchwil canser yn Ysbyty Singleton, Abertawe, drwy law Dr Theo Joannides, y doctor oedd wedi'i helpu i ddod drwy'r salwch. Aethon ni mlaen wedyn i berfformo'r gân yn fyw mewn cyngerdd ym milltir sgwâr Gwenda, sef Pontyberem – Gwenda a fi, Gillian Elisa, Beth Robert, Iona Boggie a Siân James. Nawr, pa mor amal mae whech Cymraes yn canu gyda'i gilydd fel 'na ar lwyfan, jest nhw a neb arall? O'dd hi'n noson fawr.

Ac fe ddaeth Olwen *Pobol y Cwm* drwy'r salwch hefyd achos, ym myd rhyfeddol y sebon, mae hi'n dal i fyw mas yn Sbaen! Tybed a gaiff hi alwad rywbryd eto i ddod 'nôl i Gymru fach?

Mileniwm newydd

Dechreuas i'r mileniwm newydd yn poto ac yn pyto dros Gymru ar y cwrs golff! Wel, ddim yn llythrennol, ond mae'n wir bo fi wedi mynd am wersi golff, a hynny ar gyfer rhan geso i yn y gyfres gomedi *Ponteifi*. Rhan gymharol fach o'dd hi, ond o leia o'n i'n dal i weithio. Yn ogystal â'r gwaith teledu achlysurol, o'n i'n dal i ganu rownd y clybia ac o'n i'n dal i neud gwaith *stand-up* hefyd. Felly, ar un olwg, o'dd bywyd yn mynd yn ei flaen fel cynt. Yna, un diwrnod, ceso i wahoddiad i fynd ar raglen *Heno*, a thra bo fi'n siarad ag Angharad Mair, dyma hi'n gofyn beth o'dd ar y gweill gyda fi o ran gwaith teledu, ac atebas i bo fi'n mynd trwy gyfnod bach gweddol dawel ar y pryd. Ond yr eiliad nesa, netho i rwbath o'n i erioed wedi'i neud o'r blaen. Sa i'n gwbod o ble daeth e, achos wedas i'n hollol ewn ar yr awyr bo fi ar gael i weithio, ac felly, os o'dd unrhyw un yn y byd teledu'n whilo am rywun i whare rhyw ran neu'i gilydd, dim ond cysylltu â fi o'dd isha iddyn nhw 'i neud. Wel, o'dd cywilydd arna i ar ôl y rhaglen, ond wedyn, cwpwl o ddiwrnoda ar ôl 'ny, ceso i alwad ffôn gan Paul Jones, y cynhyrchydd teledu. O'dd e'n moyn i fi ddod i ddarllen am ran yn *Con Passionate*, cynhyrchiad Teledu Apollo ar gyfer S4C.

Lawr â fi i Gaerdydd i gwrdd â nhw, ac wrth i fi gerdded i mewn, o'n i'n gallu teimlo'n hunan yn crynu. 'Sda fi gynnig darllen am ran – 'wy wastad wedi bod yr un peth – ac wy'n llawn nyrfs. A fel 'na o'n i'r diwrnod hwnnw, yn cwato tu ôl i'r colur fel arfer. Wel, tra bo fi'n mynd trwy 'mhetha, o'n i'n ymwybodol iawn bod bron pawb yn syllu ac yn rhythu arna i. O'n i'n meddwl bod rhwbath yn bod, ond beth o'n nhw'n neud o'dd edrych i neud yn siŵr bo fi'n siwto'r rhan o'dd gyda nhw mewn golwg i fi. O'n nhw'n moyn bod yn berffaith siŵr. Paul wedodd hynny wrtha i. Ta beth, ceso i 'ngalw 'nôl bedair gwaith, ac yna cynigion nhw ran Glesni i fi ... ac o'dd Glesni'n hollol wahanol i fi, Toni.

Yn un peth, o'dd Glesni byth yn gwisgo colur, ac o'dd gyda fi eitha enw am fod yn un o'dd yn lico pethach fel 'na. Wy'n cofio Julie Fox, y fenyw goluro, yn gweud wrtha i ar ddechrau'r gyfres fod y cynhyrchwyr wedi'i rhybuddio hi walle gele hi drafferth gyda fi ac y bydden i'n conan bod hi ddim yn rhoi digon o *slap* arna i. Meddylwch shwt beth! Fi?! *Moi!* Ond gas hi ddim tamed o drafferth gyda fi. O'n i'n barod i roi cynnig ar whare rhan hollol wahanol. O'n i'n barod am y sialens, ac wy'n credu bod pawb wedi cael sioc bo fi wedi ymateb mor bositif. O'dd y ferch goluro'n arfer dodi lliw gwyn ar 'y ngwyneb er mwyn neud i fi ddishgwl yn welw ac yn llwyd ac wedyn bydde hi'n dodi saim ar 'y ngwallt a'i sythu fe reit lawr. Ar y dechrau, o'n i'n arfer dod sha thre'n teimlo mor isel 'yn ysbryd achos bod shwt olwg arna i, ond detho i'n gyfarwydd â'r ddelwedd ac o'n i'n hoff iawn, iawn o gymeriad Glesni.

Un fach annwyl o'dd hi. O'dd hi wedi cael bywyd da cyn priodi Glyn, sef ysgrifennydd y côr, ond, dros y blynydda,

o'dd e wedi'i dodi hi lawr a'i chadw hi lawr, druan. O'dd
hi dan y fawd go iawn ac wedi colli nabod ar bwy o'dd hi.
William Thomas o'dd yn acto rhan Glyn ac o'dd e'n wych.
Un bach ffwdanus o'dd e o ran ei gymeriad, ac yn gorffod
rheoli popeth. Wy'n cofio un olygfa lle o'dd e a Glesni yn
y gwely a thra eu bod nhw 'wrthi', dyna le o'dd Glyn yn
gofyn iddi beth o'dd hi'n moyn i fyta yn y parti Dolig – bîff
neu dwrci! Wel, o'dd dim lot o *con passionate* yn yr hyn
o'dd Glyn yn ei neud. O'dd e'n fwy o *passion killer*! A phan
ddaeth yr olygfa i ben, etho i i siarad â'r merched colur a
gwisgoedd o'dd wedi bod yn gwylio'r cyfan ar y monitor,
ac o'n nhw mor ypset. Wy'n cofio un ohonyn nhw'n gweud
taw dyna'r tebyca o'dd hi wedi'i weld erioed i drais mewn
priodas ar y teledu. O'dd cymeriad Glesni'n astudiaeth
ddiddorol iawn o un math o fenyw ac yn gweud tipyn am
sefyllfa rhai menywod, wy'n credu.

John

O'dd tair cyfres o *Con Passionate* ond, erbyn yr ail, o'dd John wedi dechra mynd yn dost. O'dd John a finna'n arfer mynd at y deintydd yn ffyddlon bob whech mis, a chyn mynd o'n ni wastad yn tynnu coes a chael jôc fach am ba un ohonon ni o'dd â'r dannedd gora ac yn y blaen. O'n ni fel plant. Ta beth, lawr â ni i gael *check-up* y tro 'ma, a'r diwrnod ar ôl 'ny, dyma fe'n gweud bod un o'i ddannedd yn teimlo'n rhydd yn ei ben. Wnaethon ni ddim meddwl llawer amdano fe achos yn amal, ar ôl mynd at y deintydd mae pethach yn gallu teimlo'n wahanol. O dipyn i beth, dechreuodd e achwyn bod y dant yn mynd yn fwy ac yn fwy rhydd nes yn y diwedd o'dd e'n cael loes gyda fe, a gofynnodd e i fi a o'dd gyda fi rwbath i'w rwto arno fe. Wel, buodd e fel hyn am bythewnos neu dair wthnos yn stryglo gyda'r dant.

Wedyn un diwrnod, aethon ni draw yn y car i'r maes awyr i godi Sean a'i bartner a'r wyres o'dd yn dod sha thre ar ôl bod ar wylia, a'r noson honno wedodd John fod rhwbath mawr yn bod, a gofynnodd i fi ddishgwl yn ei geg e. Ac wrth i fi neud, gwelas i fod rhwbath o'dd yn debyg i *chewing gum* gwyn rownd y dant. Wy'n cofio gweud wrtho ei fod e'n dishgwl fel 'se rhwbath wedi crynhoi a bwrsto dan y dant. Ffonas i'r diwrnod ar ôl 'ny a lawr â ni i weld y deintydd. Ar ôl dod mas, wedodd e fod y deintydd wedi

tynnu'r dant, ac o'n i'n synnu, mae'n rhaid gweud. Aethon
ni 'nôl sha thre, ond dros y dyddia nesa o'dd John yn cadw i
weud bod rhwbath o'i le o hyd, a bod tynnu'r dant heb wella'r
boen. Felly ffonas i'r deintydd eto fyth a 'nôl â ni unwaith yn
rhagor. I dorri stori hir yn fyr, wedodd e fod rhaid i John fynd
i'r uned ddeintyddol yn yr ysbyty ym Merthyr Tudful y bore
wedyn, ac o'r pwynt hwnnw mlaen, aeth petha'n ffradach.

Drifon ni lan i Ferthyr er mwyn iddo gael y profion i gyd,
ac aethon ni 'nôl ymhen wthnos i gael y canlyniada. O'dd e
ddim yn moyn i fi fynd mewn i'r stafell gyda fe i weld y staff
deintyddol, felly eisteddas i mas tu fas yn y lobi. Ar ôl sbel,
dyma nyrs yn dod tuag ata i a galw'n enw i. Etho i'n oer. O'n
i'n gwbod bod rhwbath yn bod. Ymunas i â John yn y stafell
a dyna pryd wedon nhw taw canser o'dd arno fe. Wna i byth
anghofio'r siwrna 'nôl i'r tŷ yn Aber-craf. Drifon ni 'nôl a dim
un ohonon ni'n gweud gair. Dim yw dim.

Oddi yno wedyn, mlaen i'r Ysbyty Deintyddol yng
Nghaerdydd y bore ar ôl 'ny, lle o'dd tîm cyfan o bobl yn
mynd i ddishgwl arno fe – rhai o'r ysbyty hwnnw ac Ysbyty
Felindre – er mwyn penderfynu shwt o'n nhw'n mynd i'w
drin e. A'r penderfyniad gafwyd o'dd eu bod nhw'n mynd i
dynnu asgwrn ei ên mas. O'n i'n anhapus iawn ynglŷn â hyn,
ond o'dd John yn moyn cael y drwg mas o'i gorff. Ar ôl yr
operation o'dd rhaid iddo fe gael radiotherapi am gwpwl o
fisoedd. Aethon ni 'nôl a mlaen i Felindre yng Nghaerdydd
bob dydd yn ystod yr wthnos am amser hir. Cwplodd e'r
radiotherapi ym mis Hydref 2005 ac o'dd e'n lled dda, whare
teg. O'dd ei wyneb ddim yn iawn ar ôl yr op, wrth gwrs,

achos o'n nhw wedi tynnu'r asgwrn cyfan ar un ochr – o'r glust reit rownd i flaen ei ên – ond fel arall, o'dd e i weld yn eitha da. O'dd e'n cadw'n fishi fel cynt trwy dorri'r gwair a phetha fel 'na i'r mab ifanca lan lle o'n nhw wedi prynu tŷ yng Nghwmllynfell. Fe hefyd o'dd yn tueddu i neud y rhan fwya o'r coginio tra bo fi'n dal i fynd mas i weithio ar ail gyfres *Con Passionate*. Ac am fisoedd shifftodd e ... shifftodd y ddou ohonon ni.

Amser Dolig, dododd e'r *decorations* lan ac, yn ôl ei arfer, dododd e'r ford yn barod. O'dd e wastad wedi neud hynny nosweth yn gynt, yn barod ar gyfer y diwrnod mawr. A dyna wnaeth e eto, fel pob blwyddyn arall, ond y tro 'ma tynnodd e lun o'r ford, rhwbath o'dd e erioed wedi neud o'r blaen. A bytodd e damed bach o fwyd a phopeth, rhwbath gwahanol i'r pysgod a *mash* a phwdin reis arferol. O'dd e wedi mynd ei fod e'n ffilu cnoi, ond o'dd e wedi danto byta pethach fel 'na. Ond erbyn Gŵyl San Steffan, newidiodd e. Aeth e'n wan ac o'n i'n gallu gweld gwahaniaeth ynddo fe. Wedyn, ar 'y mhen-blwydd ym mis Chwefror 2006, aeth e am sgan mawr. Ond cheson ni ddim o'r canlyniad y diwrnod hwnnw a bu'n rhaid inni aros ac aros. Yn y cyfamser, o'n ni'n dal i fynd 'nôl a mlaen i'r ysbyty yng Nghaerdydd, a finna'n cadw i ofyn ble o'dd y canlyniada, a neb fel 'sen nhw'n becso'n arbennig. Tra o'dd hyn i gyd yn mynd mlaen, wnaeth dim un ohonon ni'n dou feddwl bod rhwbath mawr yn bod. Yna, un diwrnod, o'dd John a fi'n aros mewn stafell yn yr ysbyty, ac yn sydyn reit, fe welson ni un o'r nyrsus o'dd wedi dod yn eitha ffrindia gyda ni. Daeth hi mewn i'r stafell ac o'n i'n gallu gweld o'i golwg hi fod rhwbath o'i le. O'dd ei hwyneb hi'n hollol wahanol i'r arfer. Wedyn, daeth y llawfeddyg mewn a wedodd e wrth John: 'It's come back with aggression.' Nawr, 'wy byth yn llefen o flaen pobl, byth, ond dechreuas i lefen y glaw. O'dd John yn wych, ac o'dd e mor gryf. Gofynnodd e i'r llawfeddyg a o'dd unrhyw beth arall allen nhw neud i'w helpu fe, a'r unig opsiwn o'dd dos uchel iawn o cemotherapi. Er mwyn cael hynny, bydde'n rhaid iddo fynd mewn i'r ysbyty ac aros 'na. Daethon ni 'nôl i'r tŷ a'n bywyd wedi cael ei droi ar ei ben.

O'n i'n dal i ffilmo *Con Passionate* yn ystod y cyfnod yma, ac mae'n rhaid i fi weud bod y cwmni a'r criw yn sbeshal iawn, iawn. O'n nhw mor dda i fi. O'n i dan gytundeb gyda nhw, wrth gwrs, ond fe ddeallon nhw beth o'n ni'n mynd drwyddo fel teulu, a'n bod ni'n gorffod rhoi anghenion John yn gynta. Carias i mlaen i ffilmo cystal ag y gallen i achos o'n i'n ymwybodol iawn y bydde colli lot o amser yn costi'n brid iddyn nhw, a chadwodd y cwmni lein ar agor yn arbennig ar eu mobeil – dim ond i rywun o'r teulu – rhag ofan y bydde angen i fi ollwng popeth a mynd draw i'r ysbyty. Petha fel 'na, a newid trefen y ffilmo er mwyn i fi gael mynd yn gynnar a bod gyda John. Whare teg iddyn nhw. O'n nhw'n dda, ac o'dd teulu John yn dda hefyd – ei chwaer Pamela, John ei gŵr a Frances a Ron.

Wel, fe geson ni ambiwlans i fynd â fe i Felindre i gael y cemo cryf 'ma, ond cyn cael hwnna, o'n nhw i fod i ddodi dŵr yn ei gorff am bedair awr ar hugain, felly gadewas i fe yn yr ysbyty a dod sha thre i Aber-craf. Ta beth, o'dd neb wedi'n ffono i roi gwbod i fi, a lwcus bo fi wedi mynd â Brenden, y mab ifanca, gyda fi, achos bod Naomi, fy wyres fach dair blwydd oed, gyda fi hefyd. O'dd hi'n dwlu ar ei thad-cu, ond pan gerddon ni mewn i'r ward le o'dd John ceso i shwt ofan a bacodd Naomi 'nôl. Oherwydd y dŵr, o'dd ei ben e wedi chwyddo i dair gwaith ei faint arferol. Aeth Brenden â'r un fach sha thre ar unwaith, ac arhosas i gyda John tra bod ambiwlans arall yn dod i fynd â fe o Felindre i'r Heath. Mae'n debyg bod rhwbath wedi digwydd yn ystod y nos tra'u bod nhw'n dodi'r dŵr ynddo fe a bu bron iddyn nhw ei golli fc.

Wel, i dorri stori hir yn fyr, arhosodd e am sbel yn yr ysbyty a gas e ddod sha thre wedyn, ond fuodd e ddim yn y tŷ'n hir cyn cael ei ruthro 'nôl i Felindre. A man 'na buodd e wedyn, mewn ward ar y llawr cynta, sy'n lle ofnadwy. O'n nhw'n moyn ei ddodi fe mewn hosbis ond, yn lle hynny, fe gas ei roi ar y llawr cynta gyda phawb arall nad o'dd dim dod iddyn nhw. O'n i'n byw a bod yno, ac o'n i wir ddim yn lico'r lle. Un diwrnod, cwrddas i â'r dramodydd Meic Povey a'i wraig, Gwen. O'dd hi hefyd yn diodde o ganser ac o'dd hi wedi dod mewn i'r un lle ond, fel fi, o'dd hitha ddim yn lico bod ar y llawr cynta chwaith, ac o'dd hynny'n dipyn o ryddhad i fi, achos o'n i wedi mynd i feddwl taw fi o'dd wedi cymryd yn erbyn y lle heb reswm. Ond o'dd 'yn *vibes* i'n iawn, sy'n drueni, achos mae Felindre'n ysbyty da fel arall. Yn y diwedd, sonion nhw fod angen i John fynd i hosbis, ond *no way* o'n i'n mynd i adael i hynny ddigwydd, a daeth e 'nôl i'r tŷ gyda fi. Buodd e gyda fi am jest dros wthnos a marwodd e yn ei gartre ei hun ar y pumed o Ebrill 2006. O'dd e newydd gael ei ben-blwydd yn 70 oed wythnos ynghynt.

Wnes i ddim llefen. Er bod aeloda eraill o'r teulu gyda fi
yn y tŷ, fi ffonodd y doctor i weud bod John wedi mynd, ond
sa i'n gwbod le o'dd 'yn feddwl i. O'n i'n gallu neud petha
ar un lefel, petha cyffredin, bob dydd, ond shwt llwyddas i,
'wy wir ddim yn gwbod. Gofynnas i'n frawd-yng-nghyfraith
ffono Roger Castle yr *undertaker*, a fe hefyd ffonodd Sean
a Brenden am fod y ddou bant gyda'u gwaith y diwrnod
'na, un yng Nghaerdydd a'r nall yn Hwlffordd. Ta beth, fe
gyrhaeddodd Roger ac o'n i'n ei nabod e'n dda – dyna pam
taw fe o'n i'n moyn i ofalu am y trefniada. Ac wrth gwrs, un
o'r petha o'dd e'n gorffod neud o'dd gofyn pa ddillad o'n i'n
moyn i John eu gwisgo. Mae'n od, on'd yw hi, shwt mae'n
rhaid delo 'da petha mor gyffredin â dillad yng nghanol yr
holl ddifrifrwch a dwyster. Mae'n ymylu ar fod yn ffars. Mae'n
wherthinllyd. O'dd John wastad yn gwisgo'n ffantastig, ac
o'n i'n dwlu ar ddwy siaced *double-breasted* o'dd gyda fe'n
enwedig – llwyd o'dd un a'r nall yn fwy *silvery* – ac o'dd e
wastad yn dishgwl mor smart ynddyn nhw achos o'dd e'n foi
golygus. Ond er i fi whilo a whilo, o'n i'n ffilu'n deg â'u ffindo
nhw. O'dd 'yn chwaer-yng-nghyfraith yn ffysan gyda fi ac,
yn sydyn, dyma hi'n cydio mewn siwt ac meddai'n gyffro
i gyd: 'Look, look, this is the one. This is the one. Look at
the material in this!' Ond o'n i ddim yn fo'lon achos, yn un
peth, un sengl o'dd hi, a nage siwt o'n i'n moyn ond siaced.
Ta beth, er mwyn osgoi unrhyw gwmpo mas, penderfynas i
fynd gyda'i barn hi, ond ar ôl iddyn nhw ei wisgo fe yn y siwt,
o'n i'n cadw i edrych arno fe, ac o'dd rhwbath yn bod, ond
o'n i'n ffilu'n deg â gweithio mas beth o'dd e. Dyna le o'n i,

dal ddim yn meddwl dim, felly anghofias i amdano fe. Nawr,
o'dd Naomi yn meddwl y byd o'i thad-cu ac o'dd hi wedi neud
cwningen fach yn yr ysgol, rhwbath bach syml fel mae plant
yn neud. Ac wy'n cofio trio dodi'r gwningen fach ym mhoced
y siwt 'ma, ond o'n i'n ffilu i ddechrau achos, wrth i fi neud,
sylwas i fod y boced wedi'i gwinio. Eto i gyd, o'n i dal ddim yn
meddwl bod dim byd o'i le er bod John wastad yn rhoi neisied
yn ei boced ucha ta pryd o'dd e'n gwisgo lan i fynd i ryw
achlysur fel parti BAFTA neu *Pobol y Cwm*. Wy'n ei gofio fe'n
gofyn i fi un nosweth:

'Hey Tôn, have you got a pair of silk cream knickers I can
borrow?'

'What the hell do you want those for?'

'To put in my top pocket instead of a hanky so that they
match my jacket.'

'Well for God's sake, don't take them out to blow your nose
tonight, whatever you do!' Wherthin! Ond un fel 'na o'dd e.
O'dd e'n moyn i'r 'neisied' fod yr un lliw â denfydd ei got.

Dylse hynny fod wedi gweud wrtha i pan ffilas i hwpo
cwningen fach Naomi mewn i'r boced, ond wnaeth e ddim.
A hyd yn oed pan o'n i'n gweld y siwt yn llawer rhy fawr arno
fe, wnaeth y geiniog ddim cwmpo a rhoias i'r bai ar y ffaith
ei fod e wedi colli shwt gymaint o bwysa. Ddou ddiwrnod yn
ddiweddarach, dyma Brenden yn dod i'r tŷ yn whilo am ei
siwt ar gyfer yr angladd. Newydd symud mas o'dd Brenden ac
o'dd ambell beth yn perthyn iddo fe'n dal i fod yn y tŷ gyda ni
yn Aber-craf. Wy'n cofio gweld ei siwt o gwmpas y tŷ a wedas
i wrtho fe am fynd i edrych yn y wardrob. Aeth e o gwpwrdd

i gwpwrdd i gwpwrdd ac, ymhen sbel, dyma fe'n dod 'nôl i'r
stafell lle o'n i ac yn ei law o'dd *hanger* a'r cwdyn plastig 'na
sy'n mynd dros ddillad i'w cadw rhag y llwch. Arnyn nhw
o'dd y gair Sovereign – yn blaen. Sovereign o'dd *make* y siwt
hefyd ac, yn sydyn, dyma'r cyfan yn clico. Edrychon ni ar
ein gilydd a dechreuon ni wherthin a wherthin! Wel, o'dd
dim byd allen ni neud achos bod Roger wedi mynd â John
o'r tŷ yn barod. Ond fel wedodd pawb, bydde John wedi
gweld yr ochr ddoniol a bydde fe wedi wherthin nes ei fod
e'n wan. Hen gyfnod rhyfedd o'dd e. Un funud o'n i lawr yn
y dyfnderoedd a'r funud nesa o'n i lan yn y cymyla.

O ran y bois, 'sdim o nhw erioed wedi siarad â fi'n agored
am golli eu tad. Nage fel 'na y'n ni fel teulu. Y'n ni'n tueddu
i gadw petha mewn tu fewn. Hyd yn oed pan o'dd John yn
gwbod ei fod e'n marw, o'dd e'n pallu siarad amdano fe, dim
ond dala'i fys lan a gweud: 'You don't cry.'

'Sdim o nhw erioed wedi ishta lawr gyda fi a thrafod y
peth, ond mae'n amlwg eu bod nhw wedi gweld ei isha fe,
wrth gwrs. Maen nhw'n wahanol i'w gilydd ac yn ymdopi
mewn ffyrdd gwahanol. Pan o'dd John yn dost iawn, o'dd
Sean yn arfer dod lan o Abertawe i'w weld e, ond siwrna
o'dd e'n dod mewn trwy'r drws, o'dd e ar binna bach yn
moyn mynd sha thre. O'dd e fel 'se fe'n ffilu wynebu'r
sefyllfa, ond bydde Brenden yn cymryd diwrnod bant o'r
gwaith i ddod i ishta gyda'i dad am oria. Ar y ffrynt, mae'n
hawdd meddwl taw Sean yw'r un cryf, ond wy'n credu walle
bod Brenden yn gryfach. Eto i gyd, wy'n grediniol bod
marwolaeth John wedi effeithio'n ddwfwn ar y ddou.

O'dd hi bownd o fod wedi effeithio ar ei blant eraill
hefyd, ond alla i ddim gweud i ba radda. Clywas i wrth
Darren ac wrth ei fam pan farwodd John, a wedas i wrth
weddill y teulu ar y pryd y dyle fe fod wedi cael cyfle i fod yn
bearer i'w dad, ond wedodd chwaer John, 'No more contact,
no contact.' Ond wy'n teimlo o hyd y dyle fe fod wedi cael y
dewis.

Yn yr angladd ei hun, o'n i'n hedfan. Sa i'n gwbod ble o'n
i. O'dd hi'n angladd fawr, ac yn ogystal â'r teulu a ffrindia,
dyna pwy ddaeth hefyd o'dd Huw Ceredig (o'dd John yn
dwlu ar Huw ac wedi cwrdd ag e sawl gwaith), Glan Davies
o Aberystwyth, a daeth Dewi Williams lawr o'r Gogledd
gyda Catrin Fychan. Ac wy'n cofio gweud dan 'yn ana'l fel
'se fe'n gallu clywed: 'You'd be chuffed that these have come.
You got the Three Musketeers!'
Achos o'dd John yn gymeriad. O'dd e'n ddyn unigryw.

Ond fel wedas i, o'n i lan yn y cymyla drwy gydol yr holl
beth, fel 'sen i'n hedfan. O'dd e'n afreal. Wy'n cofio mam
Kelly, partneres Sean, yn dod ata i a gofyn i fi fynd ar wylia
gyda nhw. O'n nhw'n mynd dramor i rwle a dyna le atebas
i fel 'se fe'n beth hollol normal: 'Yes, yes, yes, I'll come with
you. Of course I will.' Ond cwpwl o ddiwrnoda ar ôl hynny,
ar ôl i fi sylweddoli beth o'n i wedi'i neud, wedas i wrth Sean
na allen byth â mynd. O'dd y cyfan yn rhy fuan, ond erbyn
hynny o'dd hi wedi prynu'r tocynna, felly o'dd raid i fi fynd.
Ac wy'n ofnadwy o falch bo fi wedi neud, achos dyna o'dd
dechra'r siwrna hir 'nôl i fel o'n i'n arfer bod … gan bwyll
bach.

Y daith hir 'nôl

Achos dyna o'dd hi, credwch chi fi – gan bwyll bach. Halas i sbel hir i ddod 'nôl. Ar ôl i fi golli John, etho i i bishys. 'Sdim ots 'da fi gyfadde hynny. O'n i fel rhwbath dwl. O'dd y cwmni teledu i fod i neud *Con Passionate* arall, ond ffilon nhw gael yr artistiaid i gyd at ei gilydd neu rwbath, felly daeth y prosiect 'na i stop am flwyddyn. O'n safbwynt i, o'n i'n falch, achos sa i'n credu y gallen i fod wedi ymdopi â chyfres arall ar y pryd os ydw i'n onest. O'n i'n ffilu wynebu neb. O'n i'n pallu drifo achos bo fi'n mynd i banics, o'n i wedi colli hyder ac o'n i ar goll. O'n i'n prynu stwff o'n i ddim ei angen, o'n i'n hala arian mawr ar bobl eraill heb reswm. Etho i'n wyllt. Dechreuas i fynd mas i yfed achos o'n i ddim yn moyn bod yn y tŷ wrth 'yn hunan. O'dd y tŷ ddim yn meddwl dim i fi erbyn hyn. Dim yw dim. O'n i'n arfer mynd lawr i Abertawe gan feddwl y bydden i'n teimlo'n well 'sen i'n cael cwpwl o ddrincs – neu lot ohonyn nhw ambell waith – ond erbyn y bore wedyn o'n i *ddim* yn teimlo'n well, wrth gwrs. A digwyddodd hyn oll ar yr union amser y tynnodd y doctor fi oddi ar HRT heb rybudd. Jest fel 'na. Felly, 'sdim rhyfedd bo fi'n cripad lan y wal.

Peth arall o'n i'n gorffod delio ag e yn ystod y cyfnod yma o'dd y nodiada bach o'n i'n dod ar eu traws o gwmpas y tŷ. Ar un olwg, o'n nhw'n hyfryd ac yn 'y nghadw i fynd, ond o'n nhw hefyd yn cael effaith fel arall ambell waith ac yn 'y mhwno i'n galed.

Pan sylweddolodd John ei fod e'n marw ac nad o'dd dim dod iddo fe, dechreuodd e adael darna bach o bapur i fi ar hyd y tŷ, nodiada bach personol. Ond yn lle eu gadael nhw mewn llefydd amlwg i fi gael eu gweld ar y pryd, o'dd e wedi'u dodi nhw o'r golwg, mewn drâr neu mewn pot neu yn rhwle na fydden i bron byth yn mynd iddo. O'dd e wedi'u cwato nhw'n fwriadol, gan wbod y bydden i'n dod o hyd iddyn nhw ymhen hir a hwyr. Ffindas i gwpwl ryw saith mis ar ôl iddo farw, ac mae'n rhaid i fi weud bod rheina wedi 'mwrw i'n ddrwg ac wedi 'nhynnu i reit 'nôl lawr. Negeseuon bach fel 'Love you, J xxx' – wastad 'J'. Erbyn meddwl, mae'n rhaid ei fod e wedi cynllunio'r cwbwl yn ofalus, a mynd ati i ddewis llefydd bach mas o'r ffordd, a hynny pan o'dd e'n dal i allu cerdded, cyn iddo fe fynd i'r ysbyty a mynd mor dost fel nad o'dd e'n gallu symud o'r gwely. Achos o'dd gyda fi ddim syniad am eu bodolaeth, ond 'wy wedi cadw pob un ohonyn nhw. Mae'n od shwt o'dd petha'n mynd mlaen yn ei ben, ond wnaeth e ddim siarad yn agored gyda fi am ei deimlada fe. Cadwodd e'r cyfan dan glo. 'Wy wedi meddwl cymaint amdano fe ers iddo fynd. O'dd e bownd o fod yn teimlo'n unig iawn pan o'dd e yn y tŷ wrth ei hunan yn ystod y blynydda ola 'na. Fel wedas i'n barod, wnaeth y geiniog ddim cwmpo gyda fi nes ar ôl iddo fe fynd.

Diolch i Dduw am deulu agos. Whare teg i Brenden a Geraldine, ei wraig, achos arhoson nhw lan gyda fi am sbel ar ôl i John farw. Gorffas i weud wrthyn nhw erbyn

y diwedd am fynd sha thre, achos o'n i'n mynd yn rhy
gyffwrdus gyda nhw, ac o'dd hwnna ddim yn deg. O'dd y
ddou fab yn cadw llygad arna i, ac o'n i'n mynd atyn nhw
am fwyd ac i weld Naomi ac yn nes mlaen ei brawd bach,
Ashton, gas ei eni ym mis Awst yr un flwyddyn. O'dd lot o
deulu'n byw yn yr ardal hefyd. Oni bai am 'y nghnithder,
Donia, a Margaret a Geoff, sef dou ffrind sy'n byw lawr yr
hewl, fydden i ddim 'ma heddi. Ethon nhw â fi i bobman
gyda nhw. Ac o'dd Donia yn yr un sefyllfa'n gwmws â fi
achos collodd hi ei gŵr fis cyn i fi golli John.

Un arall o'dd yn dda i fi ac sy wastad wedi 'nghefnogi yw
Caryl Reeves, neu Davies fel o'dd hi. Mae Caryl a fi'n mynd
'nôl i ddyddia ysgol ym Maesydderwen a gwersyll Glan-llyn.
Wy'n ei gweld hi'n eitha amal ond hyd yn oed os nag y'n
ni wedi gweld ein gilydd ers sbel, mae wastad yr un peth
ac mae'r sgwrs yn parhau fel 'se ni'n cwrdd bob dydd, fel
'se dim bwlch wedi bod. Gofynnodd ffrind arall, Anthony,
sy'n byw lan yr hewl ac sy'n berchen ar dafarn Pen-y-cae, a
licen i fynd i weithio y tu ôl i'r bar yn fan 'na. O'dd e'n gallu
gweld shwt o'n i wedi dechra mynd lawr, ac o'dd e'n meddwl
y bydde hyn yn help er mwyn i fi wynebu pobl eto. Mae pobl
yn gallu bod mor dda fel 'na, whare teg. Awgrym cwbwl
wahanol o'dd gyda Donia. O'dd hi'n awyddus i fi arwain
côr y Creunant am fod y boi o'dd yn arfer ei arwain yn dost.
O'dd Donia'n whare'r piano iddyn nhw ac o'dd hi wedi
cynnig bo fi'n mynd gyda hi i gwrdd â nhw. Wel, os ydw
i'n onest, o'dd dim llawer o ddiddordeb gyda fi, ac ar ben
hynny, o'n i dal ddim yn barod i wynebu pobl, ond mynd

netho i ac mewn ffordd, buodd y côr o help mawr erbyn y
diwedd.

Cofiwch, ddechreuodd petha ddim yn dda. Pan etho
i mewn trwy'r drws y tro cynta, clywas i ryw ddyn yn
gweud: 'Oh no, not another fanny!' Wel, nage dyna beth
mae rhywun yn moyn ei glywed, yn enwedig rhywun yn
'y nghyflwr i ar y pryd. A wedas i wrth Donia: 'Grinda, os
nag y'n nhw'n moyn fi 'ma sa i'n mynd i aros. Alla i byth â
mynd drw hyn i gyd ar ben popeth arall.' Ond llwyddodd
hi i ddwyn perswâd arna i i aros. O'dd dim lot o hyder gyda
fi er bo fi'n gyfarwydd iawn â cherddoriaeth a phopeth,
ond o'n i erioed wedi arwain côr o'r blaen. Ta beth, o'dd
cyngerdd mawr yn dod gyda nhw yn y Creunant a doctor
o Gasnewydd yn ei noddi, ac o'n nhw'n moyn i fi eu helpu
gyda hwnna. Ond yn gynta, rhoion ni un arall – un bach
– mlaen yn lleol, ac o'dd yr aeloda'n pallu dishgwl arna i i
ddechra. Parodd hyn am sbel, fel 'sen nhw'n ffilu ymdopi â'r
ffaith taw menyw o'dd yn eu harwain. Wel, ethon ni drwy'r
ddou gyngerdd, ac erbyn y diwedd daethon nhw i dderbyn
beth o'n i'n ei weud ac, yn wir, o'n nhw'n moyn i fi aros
mlaen, ond gwrthodas i achos bod y *commitment* yn rhy
fawr. Ond petha fel 'na fu'n help i fi yn ystod cyfnod tywylla
'mywyd i.

O fewn blwyddyn, ceso i 'ngalw 'nôl i ffilmo cyfres ola
Con Passionate, a llwyddas i fynd drwyddi yn rhannol achos
bod shwt iselder arna i o hyd, wy'n credu. O ran y stori, o'dd
Glesni'n mynd i farw, a rhywsut o'dd 'y nghyflwr 'yn hunan
yn help i fi ddeall y rhan yn well. Beth o'dd yn galetach o

lawer i fi o'dd neud y noson lawen gynta wrth 'yn hunan. Yn
Llanelli o'dd hi, ac o'dd e'n beth mawr iawn i fi, achos o'dd
John wastad yn dod gyda fi i betha fel 'na ond nawr, wrth
gwrs, o'dd e ddim wrth 'yn ochr, ac o'dd rhaid i fi ofyn i
ffrind ddod gyda fi i'r un gynta 'na.

Teimlad tebyg o'dd arna i y tro cynta etho i lawr i dŷ
Bonnie Tyler yn y Mwmbwls. Ers i John farw, 'wy wedi
treulio bob dydd Nadolig gyda hi a'i gŵr, Robert. Mae
wastad llond tŷ 'na. O'dd y ddwy ohonon ni wedi cadw
mewn cysylltiad o ryw fath dros y blynydda a hitha
wastad yn gofyn i fi fynd atyn nhw ond, am ryw reswm,
o'n i ddim yn teimlo'n ddigon hyderus. Ar ôl colli John,
penderfynas i dderbyn ei gwahoddiad un flwyddyn ac
o'n i mor wirioneddol nyrfas yn cerdded mewn wrth 'yn
hunan. Anghofia i fe byth, ond o'dd dim isha i fi deimlo fel
'na, achos siwrna welodd hi fi dyma hi'n sgrechen dros y
lle i gyd ac yn rhoi cwtsh mawr i fi o flaen pawb. O'n i mor
ddiolchgar iddi. Wy'n joio mynd 'na bob blwyddyn. Mae'n
neud 'yn Nadolig i.

Tua'r un amser ag o'n i'n cwpla ffilmo *Con Passionate*,
dyma Bobby Wayne yn awgrymu y dylen i ystyried neud
yr un math o waith ag o'dd e'n ei neud mewn cartref draw
ym Mlaendulais, sef gwaith gofal. Wel, dechreuas i feddwl
am hyn a detho i i'r casgliad y bydden i'n addas. O'n i eisoes
wedi dod i'r penderfyniad bod angen rhwbath arna i i
'nghodi i 'nôl ar 'y nhraed, i ddod â fi 'nôl i fel o'n i'n arfer
bod neu, fel arall, o'n i mewn perygl o fynd yn is ac yn is a
bratu 'mywyd. O'dd angen mwy o siâp, mwy o drefen arna

i, fel bo fi ddim yn teimlo mor flin dros 'yn hunan, achos
y gwir o'dd bod sawl un yn yr hen fyd 'ma'n waeth off na
fi, a phan soniodd e am y job 'ma, penderfynas i fod 'na
betha gwaeth o lawer y gallen i fod yn eu neud, felly etho i
amdano.

O'dd Bobby wedi bod yn gweithio ym Mlaendulais ers
peth amser, ond agorodd y cwmni dŷ newydd ac yn fan 'na
dechreuas inna weithio. O'n i bach yn amheus i ddechrau
achos, er bo fi wedi dishgwl ar ôl 'y nhad ac wedyn John,
o'n i erioed wedi'i neud e i rywun diarth a chael 'y nhalu,
ond detho i mlaen yn grêt. Ac o'dd Bobby Wayne yn
wirioneddol wych yn neud y math yma o waith. Ta beth,
dodon nhw fi mlaen i neud diploma ac mae'n rhaid i fi
weud bo fi yn erbyn neud shwt beth ar y pryd. Pam bydde
rhywun o'n oedran i'n moyn neud diploma? Ac amser
etho i ar y cwrs, o'dd tamed bach o *friction* i ddechrau
rhynto i a'r fenyw o'dd yn ei redeg e, ond dethon ni mlaen
yn ardderchog erbyn y diwedd, gymaint felly fel ei bod hi
wedi cynnig 'yn enw i fel *Learner of the Year*. Enillas i ddim
o'r teitl ond o'dd e'n neis clywed bod gyda nhw gymaint o
feddwl ohona i.

Cefnogi pobl ag anghenion arbennig o'dd y gwaith. Pobl
gymharol ifanc o'n nhw, ond bod nhw'n ffilu byw ar eu
pen eu hunain. A 'ngwaith i o'dd eu helpu nhw i fyw mor
annibynnol â phosib. O'n i'n dwlu arno ac o'dd y gwaith yn
help mawr i fi wrth i fi eu helpu nhw. Buas i gyda nhw am
ryw saith mlynedd, yn gweithio'n achlysurol yn ôl y galw, ac
am y pedair blynedd ola, o'n i'n arfer gweithio shifft nos, lle

o'dd dishgwl i fi fynd mewn am dair noson bob wthnos. A gweithiodd popeth mas yn gyfleus i'r ddwy ochr, achos o'dd e'n golygu bo fi'n rhydd i fynd ar ôl unrhyw waith acto neu waith canu o'dd yn cael ei gynnig i fi, a dod 'nôl atyn nhw yn ystod cyfnod mwy slac os o'n i'n moyn. Daeth y cwbwl i ben pan halas i lythyr atyn nhw i weud bo fi'n gadael ar ôl bron i saith mlynedd.

Ond yn syth ar ôl cwpla, ceso i alwad gan *agency* o'dd yn neud gwaith gofal tebyg, ac 'wy wedi bod gyda nhw 'ddar 'ny. Yr un yw'r trefniant o ran 'y mhatrwm gwaith – does dim patrwm iddo, sy'n wych, achos mae'n golygu bo fi ar gael i dderbyn cynigion eraill ym myd adloniant. 'Wy wedi neud sawl panto gydag Owen Money a Mike Doyle am fod y rhyddid yma gyda fi. Cofiwch, mae carco rhywun arall yn waith digon caled, ac wy'n teimlo bod angen rhywun i ddishgwl ar 'yn ôl inna ambell waith!

Ond wy'n jwmpo nawr. Gadewch inni fynd 'nôl i 2008/2009 am eiliad. Ar ôl cwpla *Con Passionate*, cheso i ddim llawer o waith acto na pherfformo am sbel. Heblaw am ran fach yn y ffilm *Ryan a Ronnie*, o'dd e'n gyfnod bach digon tawel. Un o'dd yn dda i fi ar y pryd, mae'n rhaid i fi weud, o'dd Angharad Mair. Fel 'wy wedi sôn yn barod, o'n i eisoes yn nabod Angharad achos o'n i wedi neud lot i raglen *Heno* dros y blynydda, a fi a Mal Pope a'r band agorodd stiwdio gynta cwmni Agenda yn Abertawe gyda siew fawr. Ta beth, bwmpas i mewn iddi mewn rhyw Eisteddfod a dechra siarad a fel hyn a fel arall, a whare teg iddi, wedodd hi y dylen nhw 'ngalw i lawr i'r stiwdio'n amlach er mwyn 'yn helpu i ddod dros yr hen gyfnod isel 'ma yn 'y mywyd i. A bob tro maen nhw wedi gallu, maen nhw wedi gofyn i fi fynd atyn nhw, ac wy'n gwerthfawrogi hynny'n fawr iawn. Wy'n gwerthfawrogi 'nghyfeillgarwch gyda Siân Thomas hefyd. Mae Siân wedi dod lan i'r tŷ sawl gwaith. Mae hi wedi bod yn biwr.

Un arall sy wastad yn biwr yw Bobby Wayne. O'n i'n dal i'w weld e, wrth gwrs, ac o'dd e, fel finna, pan o'dd cyfle'n dod, yn dal i fynd rownd y clybia tra o'dd e'n gweithio ym Mlaendulais hefyd. Fel 'na mae Bobby a fi – dou hen *stager*. Mae e yn ein gwaed ni. Wnawn ni byth altro. Mae'n beth od, ond mae Bobby a fi'n fwy o frawd a chwaer na ffrindia. Dechreuon ni ganu gyda'n gilydd pan o'n ni'n un ar ddeg oed, sy'n amser hir iawn yn ôl, gan fynd bant a dod 'nôl, mynd bant a dod 'nôl drwy'r cyfan. O'dd ei dad e, Eddie, wastad yn gweud, "Sech chi'ch dou wedi mynd 'da'ch gilydd yn deidi, 'sech chi wedi neud ffortiwn.' Hynny yw, gweud o'dd e y gallen ni fod wedi mynd yn bellach 'sen ni wedi aros gyda'n gilydd a mynd ati go iawn yn broffesiynol. Walle ei fod e'n iawn, sa i'n gwbod, ond mae *chemistry* wastad wedi bod rhynton ni … *chemistry* gwaith. O'dd Bobby'n gwbod yn reddfol beth o'n i'n mynd i neud ac o'n inna'n gwbod beth oedd ynta'n mynd i neud, a chi'n ffilu prynu rhwbath fel 'na. Mae'n beth prin iawn. O'n i'n siarad ag e'n ddiweddar, a soniodd y ddou ohonon ni bod ni erioed wedi bod yn ddigon o bobl fusnes, yn ddigon caled. O'n ni wastad yn *thrilled* pan o'n ni'n ifanc fod rhywun yn barod i'n talu ni – hyd yn oed arian bach – am neud rhwbath o'n ni'n dwlu neud. Wedodd Bobby ei hunan bo fi, o leia, wedi cael cyfle i neud petha eraill. Wy'n ffilu deall fel nag yw e wedi neud mwy, achos mae talent anhygoel gyda fe, anhygoel. Wn i ddim a fydde petha wedi bod yn wahanol 'se fe wedi symud bant i weithio a 'sen inna wedi aros yn Lloegr. Ond wedyn 'sen i ddim wedi cael y bywyd da geso i gyda John a'r bechgyn a 'sen i ddim wedi cael yr holl gyfleoedd i weithio yn Gymraeg.

Blod

Un peth sy'n sicr, tasen i heb ddod 'nôl i Gymru, 'sech chi ddim yn darllen y llyfr 'ma nawr, ac oni bai am un o'n ffrindia gora, Blod Jones, fydde dim llyfr i gael. Hi awgrymodd y dylen i ystyried rhoi popeth lawr ar gof a chadw, a hi aeth â'r maen i'r wal yn y diwedd a chynnig y syniad i Wasg Gomer. O'n i'n llawer rhy swil i neud. Felly, iddi hi mae'r diolch – neu'r bai – am hyn o lith!

O'n i'n nabod Blod o 'nyddia yn BBC Cymru. O'dd hi'n arfer bod yn swyddog cysylltiadau cyhoeddus yn yr Adran Farchnata yno, ac o'n i wedi neud tipyn o waith hyrwyddo a llofnodi iddi dros y blynydda, mewn steddfoda neu yn y Royal Welsh a rhyw lefydd fel 'na, oherwydd 'y ngwaith ar *Pobol y Cwm*. Buas i a rhai fel Lis Miles a Huw Ceredig yn ei helpu gydag ymgyrch Ie Dros Gymru yn 1997 hefyd. Eto, o'n i ddim yn ei nabod hi'n dda, a byth yn cymdeithasu gyda hi. Ta beth, daeth hi 'nôl mewn i 'mywyd yn 2006, y flwyddyn collas i John. Fel 'wy wedi sôn yn barod, o'n i'n weddol agos i'r gwaelod ar y pryd, ond un diwrnod daeth Catrin Fychan, ffrind arall, ata i a gweud ei bod hi wedi rhoi'n enw i Blod. O'dd Catrin i fod i'w helpu hi yn yr Eisteddfod y flwyddyn honno ond, am ryw reswm, o'dd hi'n ffilu neud. Felly, meddai, o'dd hi wedi gweud wrth Blod y bydden inna'n neud yn ei lle. Wel, o'n i jest â chwmpo

drwy'r llawr! Trias i ffindo pob esgus dan haul dros beidio
â neud hyn, ond yn y diwedd, lawr â fi i Abertawe er nad
o'dd dim tamed o whant mynd arna i. A joias i'n ofnadwy.
Helpu ym Mhafiliwn y Noddwyr o'n i. Ceso i shwt groeso
'da Blod, ac er bo fi'n barotach i neud gwaith yn y cefndir
fel golchi'r llestri a rhyw betha fel 'na, o'dd hi'n 'yn nhynnu
mas i'r ffrynt i gwrdd â hwn a hon ac, o ddishgwl 'nôl, o'dd
hwnna'n llesol iawn i fi ar y pryd, jest beth o'n i ei angen.

Wel, fe ddaeth yr Eisteddfod ac fe aeth. Wedyn, un
diwrnod ffonodd hi fi, os cofia i'n iawn, a gweud ei bod hi'n
dod lan i 'ngweld i. A mwy na hynny, gofynnodd a alle hi
sefyll dros nos. Etho i i damed bach o banig achos o'n i ddim
yn ei nabod hi'n iawn o gwbwl, ac o'n i'n becso y bydden
ni'n rhedeg mas o bethe i weud wrth ein gilydd. Wel, o'dd
dim isha i fi boeni dim. Daeth hi ar y nos Wener ac aeth
hi ddim sha thre sbo'r nos Lun ddilynol, a nethon ni ddim
stopid siarad! O'dd hi'n wych, ac yn gwmni difyr iawn.
O'dd hi'n gweld shwt o'dd colli John wedi effeithio arna i, ac
o'dd hi'n llawn cyngor ynglŷn â neud hwn a'r llall ac arall.
O'dd hi'n mynnu bo fi'n mynd ar y cyfrifiadur ac yn mynd
mas i weld pobl a bo fi'n canolbwyntio ar ddod trwy'r hen
gyfnod anodd 'ma. Ei geiria o'dd: 'Mae'n rhaid iti syrfeifo.'
A chyn i fi gael cyfle i droi rownd daeth: 'Ti'n gwbod beth, ti
wedi syrfeifo am flwyddyn nawr.'

Y'n ni wedi dod yn ffrindia mawr, ac yn mynd bant ar
wylia gyda'n gilydd. Mae Blod yn drefnydd heb ei thebyg,
yn wahanol i fi. 'Sdim siâp arna i wrth fynd ati i drio trefnu
dim, ond mae hi mor ddigyffro a shicôs – 'sdim byd yn

ormod iddi. Y'n ni hyd yn oed yn siaro stafell erbyn hyn
pan fyddwn ni'n mynd bant i Benalmádena yn Sbaen. Y'n ni
wedi bod 'na sawl gwaith a wastad yn cael amser bendigedig
gyda'n gilydd, ac yn cwrdd â phobl ddiddorol mas 'na. Blod
yw un o'n ffrindia gora, heb os. Mae hi'n un o'r rheina sy
wedi'n helpu i ddod 'nôl ar 'y nhraed.

Yma o hyd

Achos y gwir amdani yw bo fi 'nôl ar 'y nhraed erbyn hyn. 'Wy wedi dysgu lot o bethe ers i fi fod wrth 'yn hunan, ond fel y'ch chi'n gwbod o ddarllen y llyfr 'ma, 'wy ddim yn gyfan gwbwl wrth 'yn hunan chwaith. Mae digon o bobl dda o 'nghwmpas i. Trio gweud ydw i, mae'n debyg, bo fi wedi gorffod dysgu shwt i fod yn fwy annibynnol walle, yn fwy caled, a hynny'n groes graen. Wy'n berson eitha rhwydd o ran 'yn natur i, ac mae ambell un wedi damsiel arna i yn y gorffennol a chymryd mantais, ond wy'n galetach nawr. 'Wy wedi dod yn galetach a sa i'n cael 'y mhwno lawr rhagor. 'Wy mewn man bach da erbyn hyn. Ers rhyw ddwy neu dair blynedd, wy'n hapusach 'y myd ac yn fwy cyffwrddus gyda phwy ydw i. Mae hwnna'n swno fel 'sen i heb gael bywyd hapus. I'r gwrthwyneb yn llwyr! Cyfeirio o'n i at y cyfnod anodd ers colli John, ond mae petha'n well nawr. Ydw, 'wy wedi cael bywyd bach da ac wedi cael cyfle i brofi tamed bach o bopeth o'n i'n moyn. Dwlen i gael y cyfle i neud rhwbath mwy cofiadwy, mwy llwyddiannus, cyn diwedd 'yn amser ar yr hen ddaear 'ma – rhwbath y bydd pobl yn ei gofio, ond alla i ddim cwyno am 'y mywyd i. Ceso i ddechrau gwych a llwyth o sylw fel unig blentyn. 'Se fe wedi bod yn neis cael brawd bach walle, ond dyna fe, o'dd e ddim i fod. Ceso i deulu ardderchog.

Wy'n credu taw 'nghyfnod gora o'dd priodi John. O'dd
y flwyddyn gynta ar ôl priodi yn hollol ffantastig – o'dd hi
fel breuddwyd. A gweud y gwir, o'dd talp mawr o'n bywyd
priodasol fel breuddwyd. O'dd e ddim yn fêl i gyd, ond dyw
hynny ddim gwahanol i fywyda pawb arall, a buodd adega
pan o'dd gyda ni arian ac adega pan o'n ni heb arian. Wy'n
cofio John a fi'n gorffod whilo fwy nag unwaith dan y soffa
neu ar ben y wardrob am arian gleision pan o'dd petha'n
galed arnon ni, ond o'n ni'n hapus ac yn siwto'n gilydd. 'Wy
wedi codi dou o feibion llwyddiannus ac mae gyda fi ddou o
wyrion hyfryd, felly alla i ddim conan. Sa i'n gweld Naomi
mor amal y dyddia 'ma am ei bod hi'n tyfu ac mae ei bywyd
ei hunan gyda hi. Mae llais gwych gyda hi. Walle gwnaiff hi
gerdded yn ôl troed ei mam-gu. Gawn ni weld, ond mae'n
rhaid iddi fod isha fe, achos heb hynny 'sdim pwynt hwpo
neb i ryw gyfeiriad yn erbyn ei ewyllys. Ond os yw hi'n
moyn dilyn y llwybr 'na, caiff hi bob help gyda fi. Wedyn
Ashton. Wy'n gweld lot o John ynddo fe – mae e'n gariad
bach ac yn tyfu'n ddyn ifanc caredig ac ystyriol.

Sa i'n gwbod pa mor famol ydw i, cofiwch. O'n i ddim
wedi meddwl gelen i blant, ond pan ddaeth Sean a Brenden,
netho i 'ngora wastad i garco'r ddou ohonyn nhw. O'dd hi'n
ddigon anodd weithia achos natur 'y ngwaith, wrth gwrs.
O'dd mynd mas gyda'r nos i ganu a'u gadael nhw gyda
menyw arall ddim y ffordd ora walle, ond gan taw fi o'dd
yn ennill er mwyn cadw'r teulu i fynd, o'dd fawr o ddewis
gyda fi. Ac er bo fi'n gweud 'yn hunan, wy'n credu bo fi wedi
bod yn dda gyda nhw. Wy'n lico meddwl bo fi wastad wedi

bod yn feddwl agored ac yn fodern fel mam. Bydde'n rhaid
gofyn i'r bechgyn i weld odyn nhw'n cytuno, ond 'wy wedi
trio bod fel 'na. O'dd Mam wastad yn gweud: 'Ti'n gweud
y petha rhyfedda wrth y bois 'na.' Pan wy'n cymharu shwt
o'dd hi a Dad gyda *fi*, o'dd y ddou ohonyn nhw mor dawel
ac annwyl. O'n nhw'n perthyn i oes arall (yn gwmws fel
wy'n perthyn i oes arall yng ngolwg Sean a Brenden, sbo).
'Sdim rhyfedd bo fi mor ddiniwed a dibrofiad ar ddechra
'ngyrfa ac yn mynd lan i Lunden heb wbod llawer am
fywyd a'r byd mawr tu hwnt i Gwm Tawe. Ond drwy gydol
y cwbwl, mae rhywun yn rhwle wedi bod yn dishgwl ar 'yn
ôl i, achos sa i wedi gorffod cwrso fawr ddim o ran gwaith.
Daeth y cyfleoedd ata i mewn gwirionedd, a'r amrywiaeth –
o ddanso i ganu i weud jôcs ac acto. 'Wy wedi bod yn lwcus
ofnadwy fel 'na. Ac 'wy yma o hyd, ac yn dal i gael cynigion,
ac mae hynny'n beth braf.

Yn ddiweddar, ceso i ran fach yn *Y Streic a Fi* ac yn
Parch, a chyn hynny o'n i yn *Gwaith / Cartref* am ddwy
gyfres. O'dd neud *Pryd o Sêr* gyda Dudley Newbery yn
brofiad. O'dd hi'n wahanol iawn i unrhyw beth arall 'wy
wedi'i neud a joias i'n ofnadwy. Mae'n rhyfedd shwt ceso
i wahoddiad i fynd ar y rhaglen honno. Digwydd bod yn
Eisteddfod Llanelli gyda Blod o'n i pan ddaeth Dudley lan i
siarad â hi yn y babell fwyd. Ar ôl holi ble o'dd hi'n aros ac
yn y blaen, soniodd Blod ei bod hi'n sefyll gyda fi yn Aber-
craf. Wel, daeth Dudley mas i siarad â finna wedyn a gofyn
a fydde diddordeb gyda fi i fynd ar y rhaglen. Ac wy'n falch
ofnadwy bo fi wedi cytuno i neud achos ceson ni amser

gwych yn ffilmo lan yn Ynys Môn ac ym Mhortmeirion. Cyn dechra ffilmo, o'n nhw wedi gofyn a o'dd unrhyw ffobias 'da fi, achos natur y rhaglen o'dd gosod gwahanol fatha o sialens i bawb o'dd yn cymryd rhan. Atebas i taw'r unig beth o'n i ddim yn lico neud o'dd mynd dan y dŵr ond, fel arall, bydden i'n barod i neud bron unrhyw beth o fewn rheswm. Wel, y sialens gynta ar y diwrnod cynta un o'dd neidio mewn i'r môr – dros ein penna ni. Y diawliaid! O'n i ddim yn erfyn 'na. Ond ceson ni lot o sbort ac 'wy wedi madda iddyn nhw erbyn hyn.

Wy'n gorffod pinsio'n hunan ambell waith pan wy'n meddwl am yr holl betha diddorol 'wy wedi neud ar hyd y blynydda. Mae'r cyfnod hwnnw pan o'n i'n arfer cerdded lan drwy'r pentre'n hwyr y nos gyda Bobby Wayne, neu David Evans fel o'dd e bryd hynny, ar ôl bod mas yn canu am bobo hanner coron yn Cam Gears yn teimlo'n bell iawn, iawn yn ôl. Eto, mae'n teimlo fel ddoe hefyd ar un olwg. Wnes i erioed feddwl y bydde ateb yr hysbyseb yn yr *Evening Post* pan o'n i'n dal yn Ysgol Maesydderwen yn agor cymaint o ddrysa i fi, achos dyna o'dd y trobwynt mawr, y dechra'n broffesiynol pan o'n i'n bymtheg oed. Wy'n dal i neud y gwaith gofal pan ddeiff galwad, ond os ydw i'n onest, sa i'n gweld hynny'n para'n hir eto. Yn un peth, mae'n mynd yn rhy drwm i fi. Wy'n gallu twyllo'n hunan bo fi'n un ar ucen oed yn 'y mhen ac o ran 'yn agwedd, ond mae'r corff yn fy atgoffa weithia bo fi'n gorffod bod yn fwy gofalus. Wy'n dal i fwynhau'r canu a'r showan off o flaen cynulleidfa ac wy'n dal i fwynhau'r gwaith teledu. Mae perfformo yn 'y ngwaed i.

A'r dyfodol? 'Sdim un ohonon ni'n gwbod beth sy o'n blaena ni, ond os caf i'r un lefel o waith ag 'wy wedi'i chael yn ddiweddar, bydda i'n ddigon hapus. Sa i'n barod i roi 'nhraed lan 'to. Wy'n lico cadw'n fishi ac os nad oes gwaith gyda fi, neu gwmni, wy'n mynd yn unig. Mae rhai pobl yn meddwl bo fi'n unig achos le wy'n byw, ond nage'r math yna o unigrwydd wy'n sôn amdano. Weithie mae angen cwmni arna i. 'Wy wastad wedi joio cwmni dyn. Bydde fe'n neis ambell waith i godi'r ffôn a gofyn i rywun fynd mas am ddrinc neu bryd o fwyd.

Y dyn cynta i fynd â fi mas ar ôl marw John o'dd Robert Lewis, 'y nghyfrifydd. Wy'n nabod Robert ers blynydda mawr ac o'dd John fel tad iddo fe. Mae e a fi'n ffrindia da iawn, ond dim byd mwy. O'dd e'n arfer bod yn berchen ar glwb y Tree Tops ar bwys Treforys ac o'n i'n mynd 'na'n eitha amal ar un adeg. Man 'na cwrddas i â ffrind sbeshal arall, Peter Miles ond, unwaith eto, 'sdim byd mwy na hynny rhynto fe a fi er bod rhai'n meddwl fel arall. Maen nhw wedi bod mor driw i fi dros y blynydda ac wy'n meddwl y byd o'r ddou ohonyn nhw. Mae'n drueni nad oes mwy o *chemistry* rhynt Peter a fi i fynd â'r cyfeillgarwch i lefel arall, ond dyw e ddim 'na a chi'n ffilu prynu rhwbath fel 'na.

Gyda John, ceso i'r *package* i gyd. O'dd e'n 'y neall i, o'dd e'n 'y nabod i. Hyd yn oed 'sen i'n cael hanner beth geso i gyda fe, bydden i'n hapus, ond y peth pwysig yw bod yr elfenna i gyd yn rhan o'r peth – ffrind, partner, *soul mate*, rhywun sy'n 'y neall i, cariad – yr holl beth. Sa i'n credu bo fi'n moyn priodi eto, ond 'se fe'n neis cwrdd â rhywun sy wedi bod yn yr un sefyllfa â fi, a gora oll os oes tamed bach o *chemistry* rhynton ni hefyd er mwyn cael cwmni am weddill 'y mywyd. Cofiwch, bydde byw dan yr un to â rhywun eto yn eitha sialens. 'Wy ddim yr un fenyw ag o'n i erbyn hyn. 'Wy wedi dod drwyddi ac wedi dod mas y pen arall, ac wy'n credu bod rhai dynon, yn enwedig rhai Cymraeg walle, yn gweld menyw sy wedi syrfeifo ac sy'n hoff o wisgo colur heb gwato'r ffaith honno, fel ydw i, yn dipyn o fygythiad. Wy'n credu bo fi'n hala ofan ar rai dynon. Ond wy'n lico'r ochr *stagey* – dyna'n fywyd i – a bydde'n rhaid i unrhyw ddyn ddodi lan gyda hwnna.

I lawer o bobl, wy'n rhoi'r argraff bo fi'n berson hyderus ac mae hwnna wastad wedi'n synnu i, achos 'sdim hyder wedi bod gyda fi erioed. Yn hynny o beth, 'wy fel y genedl. Smo ni'r Cymry'n hanner digon hyderus, a fel 'na ydw inna hefyd. Oherwydd y busnes 'wy ynddo fe, mae pobl siŵr o fod yn meddwl bo fi'n berson caled, ond fel arall 'wy yn llwyr. 'Sen i byth yn brago am ddim byd, a heb y paent ar 'y ngwyneb mae ofan 'y nghysgod arna i. 'Wy fel dou berson mewn gwirionedd – Carol Anne Healey wrth fynd o gwmpas 'y mhetha o ddydd i ddydd, ond siwrna bydda i'n gwisgo'r colur, y secwins a'r sgitsha uchel a dodi 'nhraed ar y llwyfan, mae Carol Anne yn troi'n Toni Caroll.

Diolchiadau

Hoffwn ddiolch yn fawr iawn i:

Blod am drafod y syniad o neud llyfr am 'y mywyd gydag Elinor Wyn Reynolds yng Ngwasg Gomer.

Elinor am ofyn i fi ei neud e.

Ioan Kidd am roi'r geiria'n gwmws fel o'n nhw i fod, bob gair.

Clive Rowlands am ei eiria caredig.

Luned Whelan am olygu'r testun a helpu fi i gael trefen ar y llunia.

A diolch yn arbennig i fy holl ffrindia a'r teulu sy wedi bod yn gymaint o gefen i fi ers i fi golli John. Wy'n gwerthfawrogi popeth o waelod 'y nghalon.